L'AFFAIRE

DE

LONGPRÉ

CAMPAGNE DE 1870-71

L'AFFAIRE
DE
LONGPRÉ

(SOMME)

28 DÉCEMBRE 1870

Topographie.
Avant-postes d'Abbeville :
4e Bataillon des Mobiles du Pas-de-Calais.
Affaires du 24 ; —du 27 ; —du 28.
Courage des habitants de Longpré ;
Cruautés prussiennes.
—La place d'**Abbeville.**—
Une nuit de captivité dans l'Église d'Airaines.

Prix : 1 Fr. 50 Cent.

ARRAS.
TYPOGRAPHIE D'ALPHONSE BRISSY,
22, rue des Capucins, 22.
1872

AVANT-PROPOS.

C'est en parcourant les lieux où s'est passé l'événement qu'il raconte, que l'auteur a eu l'idée d'écrire ce récit. Ce n'est pas une histoire militaire selon le sens qu'on attache à ce mot. Le combat de Longpré, simple lutte d'avant-postes, n'a eu qu'une importance fort restreinte et restera confondu parmi les mille engagements quotidiens de la campagne 1870-71; mais si peu considérable qu'il paraisse, il n'en a pas moins été un fait capital pour les populations au milieu desquelles il s'est livré, et pour le corps de Mobiles qui l'a soutenu; il n'en occupe pas moins une grande place dans leurs souvenirs.

Ce sont ces souvenirs qu'on a recueillis, mis en ordre et rédigés dans un intérêt surtout local : voilà le but qu'on s'est proposé particulièrement dans ce travail. Aussi, la plus large part y est-elle faite au côté épisodique, aux incidents nombreux qui ont marqué cette affaire.

Au milieu d'une population envahie par des forces dix foix supérieures en nombre, de braves paysans se sont rencontrés pour faire le coup de feu côte à côte avec nos mobiles et au mépris du sort cruel dont les menaçait un ennemi sans pitié : n'est-ce pas une chose glorieuse qu'il peut être utile d'offrir en exemple, même quand la campagne semble terminée?

Pour venir en aide à près de trois cents prisonniers qu'on jetait dans son église par une froide nuit d'hiver, sans feu, sans pain et presque sans vêtements, une autre population voisine a déployé le plus généreux empressement, son curé en tête, et celui-ci, après des instances répétées trois fois, était assez heureux pour arracher enfin aux Prussiens vingt-deux prisonniers civils qu'ils voulaient fusiller : n'est-ce pas encore un acte méritoire qu'il était bon de recueillir et de rappeler ?

A un point de vue spécial, une poignée de Français, deux cents contre deux mille Allemands, ont tenu à honneur de défendre sans faiblir, au prix de leur sang et de la liberté, le poste confié à leur garde; ils n'avaient jamais vu le feu ; surpris et abandonnés à eux-mêmes, ils prouvèrent qu'il sera toujours possible de faire le plus grand fond sur une troupe française, si peu qu'on veuille l'armer, l'instruire, lui donner par l'exercice cette assurance et cette habileté de mouvement par laquelle notre intelligence et notre promptitude natives nous rendront toujours supérieurs à nos adversaires : c'est un point de vue qui n'a jamais été plus digne d'attention.

On ne saurait trop, à l'heure présente, s'inspirer de tout ce qui est courage, confiance et dévouement, et en attendant que la France entière pratique ces indispensables vertus, il n'est que juste de les honorer et de les signaler partout où on les trouve, si modestes et si cachées qu'elles soient.

Février 1872.

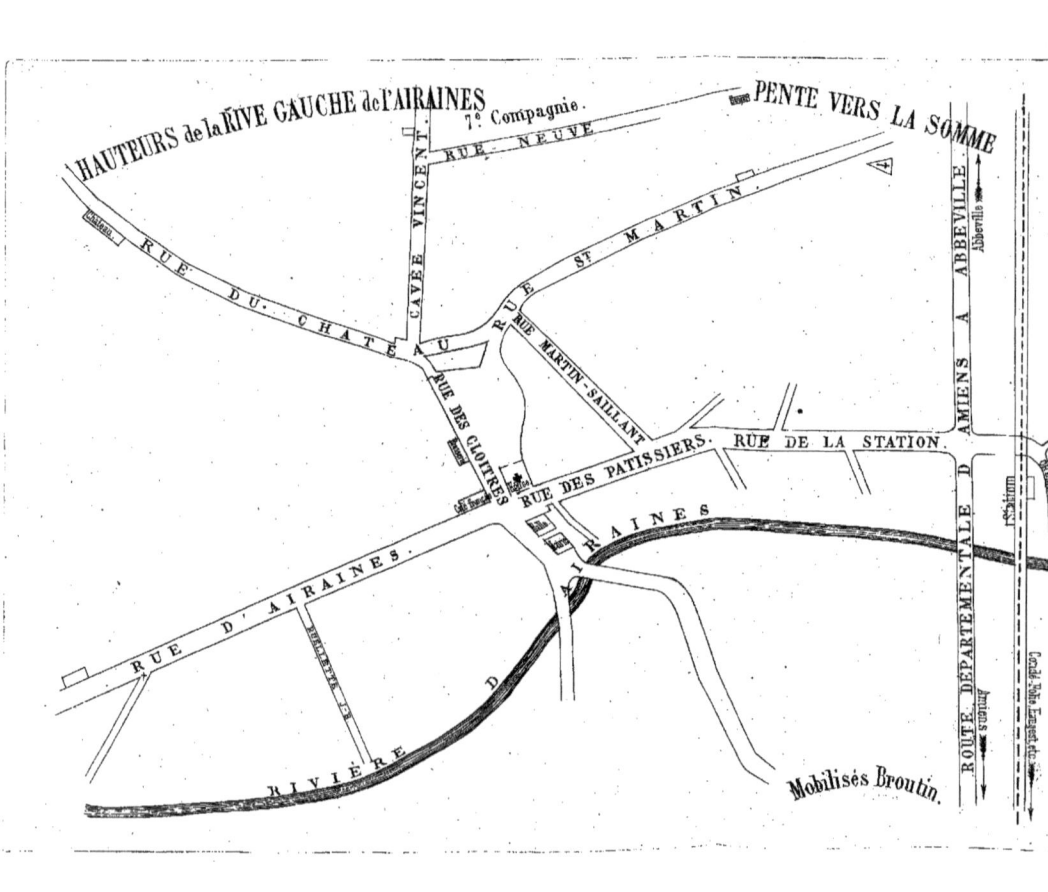

HAUTEURS de la RIVE GAUCHE de l'

Château
RUE DU CHÂT[

CHEMIN DU MOULIN PIOLE

RUE D'AIRAINE

PUELLETTE J.B

RIVIÈR

VALLÉE DE SOMME

L'AFFAIRE DE LONGPRÉ

C'est le 28 décembre qu'eut lieu l'affaire de Longpré, entre des forces prussiennes évaluées à 2,400 hommes, infanterie et cavalerie, et quelques compagnies de mobiles et de mobilisés du Nord et du Pas-de-Calais.

Longpré, station du chemin de fer d'Amiens à Boulogne, à 15 kilomètres en amont d'Abbeville, est un assez gros village de 2,000 habitants, sur la rive gauche de la vallée de Somme et au confluent de l'Airaines avec la Somme.

L'Airaines est une petite rivière qui coule du sud-ouest au nord-est, et tire son nom du bourg d'Airaines qu'elle traverse, distant de 7 kilomètres de Longpré. La vallée qu'elle forme, très-encaissée et très-boisée, est surtout profondément coupée, dans sa partie inférieure, de marécages, d'étangs et d'entailles, dus à l'extraction de la tourbe qu'on trouve là, comme dans le reste du pays, en quantité considérable. Cette vallée se bifurque à partir et au-dessus d'Airaines, pour donner ainsi naissance à deux autres vallées, également profondes et boisées, et dont l'une, celle de gauche, est arrosée par la petite rivière de Dreuil ; celle de droite n'est que la continuation de la vallée principale, dont elle forme la partie supérieure : et c'est là, en effet, qu'on rencontre, à quelques kilomètres en amont, les sources fort curieuses et très-abondantes de l'Airaines, au village de Mettigny.

L'état orographique du pays explique facilement l'abondance de ces sources. En effet, en continuant de remonter vers le sud-ouest, on ne peut manquer de s'apercevoir combien le pays se relève, offrant à l'œil comme un faisceau de vallons très-creux que séparent des hauteurs couronnées de bois, et qui viennent tous aboutir à la vallée de l'Airaines et de son affluent ; toutes les eaux de ce canton ont donc leur direction et leur aboutissement aux sources de l'Airaines, et de là cette abondance qu'on peut indiquer en passant.

Au-delà, commence un plateau qui s'incline bientôt vers la Bresle, limite des deux pays picard et normand, et sur le versant duquel prennent naissance d'autres vallées et quelques petits cours d'eau qui vont se jeter dans cette rivière.

Ce phénomène d'ailleurs est très-ordinaire, et c'est le même qui se répète dans tous les bassins de fleuves, de rivières et même de ruisseaux ; aussi n'y aurait-il eu aucune raison de le signaler ici, si l'étude des terrains, au double point de vue orographique et hydrographique, n'avait un rapport intime avec les plans et les faits militaires considérés dans leur conception et leur exécution.

Il pourra paraître, en effet, qu'après l'occupation d'Amiens (fin novembre) par les Allemands, et alors que ceux-ci poursuivaient un double but, et d'occuper la vallée de la Somme et de se porter en forces vers Rouen, si l'on avait eu quelques troupes à leur opposer, la ligne de l'Airaines nous aurait été d'une grande utilité pour l'attaque et la défense. Vers le nord-est, elle confine à la Somme en s'appuyant sur Abbeville et le chemin de fer de Boulogne, ce qui assure une libre communication avec la mer et les places du Nord par Calais, Saint-Omer et Béthune ; au sud-ouest, ce sont les hauteurs boisées et les vallons qui caractérisent le versant dans cette direction, avec la Bresle à portée et le chemin de fer d'Amiens à Rouen : ainsi les communications eussent été aussi faciles que rapides, aux deux extrémités de la ligne, avec plusieurs grandes villes et la mer, et, dans une telle position, soit que l'on eût voulu inquiéter l'ennemi dans son séjour à Amiens et dans sa marche vers la Normandie, soit qu'on eût préféré l'attendre en se fortifiant et en l'obligeant à ne rien entreprendre de nouveau qu'après avoir tenté de forcer cette ligne, si on n'eût pas été assez fort pour le battre, on aurait pu du moins l'entraver sérieusement dans sa campagne du nord-ouest. Il aurait fallu pour cela que, dès le mois de novembre, les différents corps éparpillés en avant et aux environs de Rouen, et que les Prussiens n'eurent pas de peine à disperser plus tard en détail, fissent leur jonction avec l'armée du Nord, et qu'on fût décidé à livrer une véritable action avec toutes les chances possibles de nombre et de position. Tout ce qu'il y avait de troupes dans la Seine-Inférieure eussent été ainsi engagées dans une campagne sérieuse, et dans la supposition que, devant une attaque victorieuse de l'ennemi, la retraite fût devenue nécessaire, eût-elle été plus compromettante que celle que l'armée du Nord fit d'Amiens sur Arras après la bataille de Boves et de Villers-Bretonneux, et celle qui suivit, à quelques jours d'intervalle, des défenseurs de Rouen sur le Havre ?

Sans doute, il est toujours plus facile de raisonner après coup sur les événements et la conduite des événements ; d'ailleurs, ce qui manqua toujours dans cette guerre, ce furent les hommes et les moyens d'armer, d'équiper et de discipliner convenablement ceux qu'on avait : toutefois il paraît bien qu'on eut quelque visée du parti qu'il était possible de tirer de la ligne de l'Airaines, et dans le courant de décembre, quand Amiens eut été pris par les Allemands, on envoya d'Abbeville quelques compagnies de mobilisés en avant-postes sur la Somme, avec charge non-seulement d'éclairer la vallée, mais encore de surveiller les différents mouvements que l'ennemi pourrait faire sur l'Airaines, dans le but de se rapprocher d'Abbeville par le sud et le sud-ouest. L'objectif principal était, en effet, de protéger cette ville contre toute surprise, et avec le peu de forces dont on disposait, il semble qu'il n'y avait pas autre chose à faire.

Longpré fut donc choisi pour cette installation d'avant-postes, et ce n'était pas une mauvaise mesure. Trois routes, en effet, mènent d'Amiens à Abbeville ; la première, à droite de la Somme, sur les hauteurs qui bordent la vallée, et suivant plus ou moins l'arête du versant ; la deuxième, sur la rive gauche, s'écartant sensiblement de la vallée à certains points de son parcours, et n'étant en réalité qu'un composé successif de différents tronçons pris à la route départementale d'Amiens à Eu et à la route nationale n° 1 de Boulogne à Paris ; c'est celle qui passe par Airaines. La troisième est la route de la vallée et traverse le village de Longpré qui la commande et qui, par sa position sur la Somme et l'Airaines, ne se trouve pas moins à portée des deux autres voies. D'ailleurs, les Prussiens s'étaient eux-mêmes établis à Picquigny, à 14 kilomètres en aval d'Amiens, dont la forte position sur la rive gauche de la Somme et au point où convergent les routes précédentes, devenait entre leurs mains une menace et un péril continuel pour Abbeville et le reste de la vallée : il paraissait donc nécessaire d'opposer de cette dernière ville une ligne d'avant-postes aux avant-postes prussiens, et Longpré fut désigné comme le lieu le plus favorable à leur stationnement.

Là résidait le principal des forces envoyées d'Abbeville ; mais, en même temps, des détachements de moindre importance occupaient quelques-unes des localités voisines : Condé-Folie, un peu plus haut dans la vallée ; Pont-Remy, à 7 ou 8 kilomètres en arrière ; Ailly-le-Haut-Clocher, sur les hauteurs et à cheval sur la grande route de la rive droite. Le but était, tout en étendant la ligne d'éclaireurs, de se tenir à portée du centre en cas d'une attaque possible. C'est ainsi que cinq compagnies de marche du 4e bataillon des mobiles du Pas-de-Calais (cantons de Lens, Carvin et Cambrin), arrivées de Saint-Omer à Abbeville dans les premiers jours de décembre, furent chargées dès l'origine de ce service, qui n'était pas moins difficile que fatigant, et se distinguèrent au milieu des mobilisés qui le faisaient avec elles.

Ce bataillon, vaillamment conduit par son commandant M. de Peretti della Rocca, avait inauguré son rôle d'éclaireur le jour même de son arrivée à Abbeville. Après toute une nuit passée en chemin de fer, de 11 heures du soir à 8 heures du matin, à peine débarqué, il prenait les armes deux heures après en compagnie du 91e de ligne, arrivé la même nuit, et se portait en avant de la ville sur la route d'Ailly-le-Haut-Clocher, où l'on apercevait au loin la silhouette d'un parti de uhlans qui ne se laissa point approcher. Ce fut à partir de ce jour jusqu'à l'armistice un service incessant. Chacune des cinq compagnies stationnait aux alentours, tantôt d'un côté, tantôt de l'autre, poussant des reconnaissances hardies dans la campagne occupée ou menacée par l'ennemi, et se mouvant dans l'aire d'un immense demi-cercle dont la ligne circonférencielle, de la ville d'Eu (à l'ouest) à la forêt de Crécy (au nord-est), passait par Gamaches, Blangy, Poix, Molliens-Vidame, Picquigny, Saint-Riquier, Nouvion et Rue. On le voit, Abbeville était menacé de bien des côtés, et selon l'expression du commandant de Peretti, « c'était la souricière bien close où nous devions trouver la captivité ou une mort glorieuse. » La nécessité n'en était que plus grande de faire bonne garde.

Les avant-postes cantonnés à Longpré se composaient donc, à la fin de décembre, d'une compagnie du 4ᵉ bataillon des mobiles du Pas-de-Calais, et de quelques compagnies du 2ᵉ bataillon de la 6ᵉ légion mobilisée du Nord. C'était une force numérique d'environ 500 hommes, mais sur laquelle il n'était pas possible de faire grand fond. Nous voulons surtout parler des mobilisés. Armés du fusil à piston, modèle 1842, ils n'avaient pas une confiance bien assurée dans leur arme ; et, d'un autre côté, l'habitude, la discipline et l'esprit militaire leur faisaient complètement défaut. Cela devait produire deux résultats déplorables : le premier, c'est qu'ils ne se mettraient point en peine de se garder avec tout le soin dont la ruse et l'habileté prussienne leur faisait pourtant une obligation rigoureuse ; le second, c'est que devant une attaque imprévue et même prévue, ils ne sauraient point organiser et faire une défense victorieuse. La chose était fatale, et nos mobilisés n'eurent garde de démentir à Longpré l'opinion qu'on pouvait avoir de leurs vertus militaires.

Aussi bien, si dans une campagne, soit pour l'attaque, soit pour la défense, il y a quelque service à attendre des avant-postes, la dernière guerre n'a-t-elle pas démontré que c'est là un point dont on se met mal ou point en peine dans l'armée française? et chaque jour ne fut-il pas marqué par une ou plusieurs surprises à notre désavantage ? Non point qu'on négligeât absolument de se garder, mais on ne le faisait guère que pour la forme; on comptait sur le moment pour se *débrouiller*, et, le moment venu, on se laissait surprendre et enlever, ou bien l'on se faisait tuer, ce qui n'avançait pas plus nos affaires : on ne pouvait donc exiger raisonnablement des tard venus dans l'armée, mobilisés et mobiles, qu'ils donnassent l'exemple d'une prudence et d'une vigilance plus grandes.

Quelques postes avaient été établis de côté et d'autre, soit dans l'intérieur, soit aux abords du village ; la garde était montée à peu près régulièrement ; les rondes se faisaient de même; avec cela, pousser quelques reconnaissances, causer du Prussien qu'on attendait plus ou moins, se distraire par la fréquentation du café et l'exercice du billard, telles étaient encore les graves occupations auxquelles on était plus ou moins assidûment livré : on ne songeait point assez à s'éclairer par des vedettes en permanence à toutes les avancées du village, par des enfants perdus envoyés à une plus grande distance, à se couvrir surtout contre les premiers coups d'une attaque toujours possible par quelques obstacles disposés en tête des rues principales. On aurait dû pareillement tout préparer à Abbeville pour expédier du renfort par le chemin de fer à la première cartouche brûlée à Longpré, car il était prudent de compter sur une tentative plus ou moins prochaine des Prussiens; et puisque c'était la guerre localisée, il fallait la faire et la soutenir par tous les moyens dont on disposait.

Le commandant supérieur d'Abbeville était alors le lieutenant-colonel Plancassagne, que le général Robin, le chef des mobilisés du Nord, avait mis à la tête de la 6e mobilisée du même département. On lui a fait un reproche d'avoir jeté comme en l'air, à Longpré et ailleurs, des troupes que leur inhabitude de la guerre et leur infériorité devant l'ennemi exposaient d'un jour à l'autre à être mises en déroute ou enlevées : il eût été préférable, dit-on, de les tenir au centre de leur stationnement, c'est-à-dire à Abbeville, pour les former et les aguerrir peu à peu par des exercices fréquents et réguliers, et, dans tous les cas, il était indispensable, quand on pouvait disposer d'une ligne de chemin de fer, d'être prêt jour et nuit à les secourir dès la première alerte. Ces reproches ne sont pas sans fondement, parce que l'échec du 28 leur a donné une complète justification, et que cette affaire, moyennant un peu de prévoyance et quelques mesures prises, qui ne le furent point, eût pu devenir un succès pour nous.

Ainsi, les avertissements ne manquèrent point. Quelques jours avant, des uhlans s'étant risqués à caracoler trop près du village, l'un d'eux avait été démonté par un habile tireur : c'était une raison suffisante de croire que l'ennemi, selon sa constante habitude, ne manquerait pas de revenir bientôt en nombre; la présence même de ces éclaireurs n'indiquait-elle pas qu'ils ne cherchaient point sans but à surprendre la force de nos avant-postes et les dispositions défensives prises par eux? Mais après ce qui se passa le 24 et le 27, il devenait évident qu'une attaque à fond serait faite sur Longpré à bref délai, et ces deux affaires n'ayant été que le prélude de celle du 28, il est nécessaire de les rappeler en quelques mots.

C'était la 6ᵉ compagnie du 4ᵉ bataillon des mobiles du Pas-de-Calais, capitaine Ambiehl, qui se trouvait le 24 à Longpré, où elle était venue de Pont-Remy précédemment occupé par elle. Le capitaine étant retenu à Abbeville, où il faisait partie de la cour martiale, elle était commandée en son absence par le lieutenant Blocquel. Blocquel était un officier d'une énergie et d'une résolution singulière. Instruit de la pratique constante des coureurs ennemis qui venaient chaque jour, de leur quartier-général à Picquigny, rôder le long de la vallée et sur les hauteurs jusqu'en vue de Longpré, il forma le projet de les atteindre par surprise, et prenant 40 hommes avec lui, il partit de grand matin pour être avant le our aux environs de l'abbaye du Gard, à quelques kilomètres de Picquigny, et les prendre dans l'embuscade qu'il leur dresserait. La marche était éclairée par un homme du pays, garde particulier attaché au service d'un propriétaire d'Abbeville, et l'espoir de jouer un mauvais tour aux Prussiens ajoutait encore à l'ardeur de la petite troupe, malgré la neige qui couvrait le sol, malgré le froid et les fatigues d'une route nocturne. Ils ne purent malheureusement arriver assez tôt pour exécuter ce beau projet, et les premières lueurs du soleil levant découvrirent leur approche aux vedettes prussiennes. C'était une affaire manquée. Les uhlans galopaient déjà aux alentours avec leur prestesse habituelle; il n'y avait rien à faire contre eux : après quelques instants de repos on rebroussa chemin.

Le retour n'avait rien de fort gai ; dix ou douze kilomètres pour rien, la nécessité de refaire la même route avec si peu de profit, en fallait-il davantage pour assombrir les plus dispos? Quelques mobiles, sept ou huit, se mirent dans la tête de brûler un peu de poudre contre les uhlans ; ceux-ci suivaient toujours et guettaient le détachement, en se tenant hors de portée de fusil: le lieutenant laissa faire en recommandant la prudence. Nos volontaires alors de s'élancer en tirailleurs et de courir si loin que leur officier, redoutant quelque mésaventure, essaya de les rappeler par quelques vigoureux coups d'un sifflet qu'il portait avec lui. Il était déjà trop tard. Le gibier s'était retourné contre le chasseur, et les imprudents, vigoureusement poursuivis par une vingtaine de cavaliers, devaient avoir à peine le temps de regagner le gros de la petite troupe. Pour comble d'infortune, en se hâtant de battre en retraite, ils étaient juste dans le champ de tir de leurs camarades qui n'osaient faire feu de peur de les frapper eux-mêmes ; il fallut que le détachement s'avançât rapidement de quelques pas, afin de rompre la ligne droite, ce qui lui permit enfin d'ouvrir un feu de file précipité, bien qu'encore sur une oblique à peine sensible. Les uhlans s'arrêtèrent court, sans lâcher toutefois deux de ces aventureux tirailleurs qu'ils serraient de plus près. L'un, entouré de toutes parts, fut enlevé sans qu'il lui fût fait aucun mal ; l'autre dut son salut à l'aide des siens, dont le tir blessa mortellement celui des cavaliers qui le tenait déjà à portée de lance. L'homme s'affaissa sur sa selle, sans pourtant tomber de cheval, et ses camarades l'entraînèrent avec eux en se dérobant tous à la portée des balles. Le reste du retour s'acheva sans encombre.

C'était à peine une escarmouche ; mais cette pointe hardie de quarante des nôtres sur un terrain dont il se considérait comme le maître absolu, révélait à l'ennemi le danger que le voisinage de nos avant-postes pouvait lui faire courir : ce qui se passait le 27 au village de l'Etoile dut lui faire hâter sa résolution d'en finir par une attaque décisive avec les audacieux qui ne craignaient pas de harceler et de combattre ses coureurs et ses reconnaissances.

Toujours en quête de fouiller le pays qu'ils occupent, comme de reconnaître jour par jour, heure par heure, l'ennemi qui leur est opposé, si peu redoutable qu'il parût même, les Prussiens, fidèles à cette tactique, n'avaient pas négligé un seul jour, depuis leur établissement à Amiens et à Picquigny, de lancer leurs cavaliers en avant ; et ceux-ci, soit par la rive gauche, soit par la rive droite de la Somme, s'étaient aventurés jusques en vue et dans les faubourgs d'Abbeville. On raconte même que l'un d'eux, ayant pénétré jusqu'au mur crénelé qui barrait une des entrées de la ville, y laissa un témoignage — de second ordre — de sa présence : du moins c'est le bruit que des gens malintentionnés ont fait courir sur la ville qu'ils étaient chargés peut-être de faire respecter et de respecter eux-mêmes. Ils avaient aussi poussé, dans les premiers jours de décembre, une pointe fort loin dans la vallée, traversant Longpré, que n'occupaient point encore nos détachements, et détruisant le pont du chemin de fer sur l'Airaines. Contraints plus tard, par la présence de nos avant-postes, de s'avancer moins loin dans cette direction, ils ne tenaient pas moins leurs rôdeurs en permanence aux approches de la localité, et c'est à l'un d'eux, pour avoir manqué de prudence, qu'arriva la mésaventure que nous avons rappelée tout à l'heure.

D'ailleurs, un certain nombre d'habitants du pays, huttiers et tireurs émérites, commençaient à prendre l'habitude de faire la chasse au uhlan. Ils s'en allaient isolément ou par groupes en reconnaissance, armés de leurs longues canardières ou de fusils de chasse, et s'ils ne firent pas à l'ennemi tout le mal qu'ils voulaient dans ces expéditions, c'est que la défiance tenait habituellement celui-ci hors de la portée de leurs coups. Quand ils purent l'atteindre, ils ne le ménagèrent point. On le vit bien le 28.

Une mention particulière est due parmi ces braves au nommé Joseph D....., qui avait voué une haine mortelle aux Prussiens. Il avait fondu ses cuillers d'étain pour en faire des balles, et chaque jour il allait rôder loin du village, cherchant la bonne fortune d'apercevoir le museau d'un allemand et de tirer dessus. Quelques uns l'avaient surnommé l'*enragé*, et comme il était invariablement coiffé d'un bonnet de coton, on disait aussi, en le voyant passer: « Ah! voilà le bonnet de coton qui part en chasse contre les uhlans. »

Rien de plus légitime que cette haine de l'ennemi. Ces mécréants avaient, en traversant une première fois Longpré, mis en réquisition la voiture et le cheval de ce brave compagnon; ils l'avaient fort maltraité lui-même, et plus fort encore son cheval, qui ne les transportait pas assez vite au gré de leurs désirs: de là une juste colère qui, s'ajoutant à la haine naturelle contre les envahisseurs, fit de Joseph D.... le plus tenace de leurs ennemis.

Donc, le 27, une reconnaissance avait été poussée d'assez grand matin sur Hangest, à 5 ou 6 kilomètres de Picquigny. Le lieutenant Blocquel la commandait ; sa compagnie n'avait pas encore été relevée de son tour de garde, et continuait de tenir la position avec trois ou quatre compagnies de mobilisés appartenant au 2e bataillon de la 6e légion du Nord. Une de ces compagnies était de grand' garde à Condé-Folie. Il était onze heures environ quand on fut de retour à la station du chemin de fer, devenue quartier général. Les mobiles avaient à peine pris quelques instants de repos, lorsqu'on accourt signaler un parti de uhlans dans la vallée. Le lieutenant fait reformer son détachement, une quarantaine d'hommes ; il prend lui-même un fusil, la meilleure arme offensive et défensive, et l'ordre est donné de presser le pas. Le sous-lieutenant Neveux s'apprête à suivre avec le reste de la compagnie. Dix ou douze volontaires du pays, de ceux qu'alléchait l'espoir de faire le coup de feu contre le Prussien, se joignent à la petite troupe et la guident, à l'abri de la côte, au milieu des travaux et des tranchées de la nouvelle ligne de chemin de fer en construction, de Frévent à Gamaches, qui suit une direction parallèle à la ligne de Boulogne sur une partie de son parcours.

Mais la male-chance s'en mêla pour commencer, et sur le rapport d'une femme qui descendait des hauteurs avec une charge de bois sec, que pas un uhlan n'avait été vu par là depuis le matin, ils s'apprêtaient à rebrousser chemin, après avoir inutilement marché pendant trois quarts d'heure. C'était une fausse alerte, ou plutôt l'ennemi se trouvait réellement aux environs, mais d'un autre côté. En jetant les yeux au-dessus de la vallée, ils aperçoivent d'abord sur les collines de la rive droite quelques cavaliers dont la silhouette se dessine nettement au milieu des terrains blanchis par la neige, et, un peu plus en arrière, des troupes à pied, dont la ligne noire borde un bois situé au point culminant de la hauteur. Ce bois occupe la partie supérieure d'un ancien camp romain, et il est séparé de la Somme par le village de l'Etoile qui s'allonge le long de la rivière et sur la pente du côteau.

L'Etoile est à trois kilomètres environ de Longpré, et le val seul le sépare de Condé-Folie, placé en face sur la rive gauche.

Cette troupe ressemblait fort à l'ennemi, et les gens du pays avec quelques tirailleurs qui avaient pris les devants, ne tardent pas à confirmer la nouvelle, que ce sont les Prussiens. Si loin qu'ils soient, les mobiles ouvrent le feu en s'avançant et traversent en toute hâte la vallée pour être plus à portée de tir. Mais l'ennemi, plus méthodique et bien que mieux armé, ne se presse pas de jeter sa poudre aux moineaux ; il ne répond qu'un peu plus tard, et quand il croit être sûr de ses coups. On entend une détonation lointaine, et les balles arrivent en sifflant d'une manière menaçante. Ce tir plongeant pouvait être très-dangereux pour les nôtres, quand il cesse tout à coup, et l'on voit distinctement la ligne noire des Prussiens disparaitre dans le bois sur lequel elle s'appuyait ; mais, au même instant, nos premiers tirailleurs, au nombre d'une dizaine, se rencontrent, bien que séparés par la Somme, presque face à face avec une sorte d'avant-garde qui débouchait à l'extrêmité sud-est du village, et ils sont assez heureux pour lui tuer ou blesser quelques hommes qu'ils voient tomber en poussant des cris de joie. Cette avant-garde précédait tout un parti nombreux qui descendait vers l'Etoile, et auquel nos mobiles se seraient peut-être imprudemment heurtés, s'ils avaient pu passer la Somme; mais le pont jeté sur la rivière, ou plutôt sur le canal, avait été détruit, et, bon gré mal gré, la lutte devait se borner à une fusillade d'une rive à l'autre. Il n'y eût même eu sans aucun doute que quelques coups de fusil échangés, et le lieutenant Blocquel, dans l'impossibilité de rien faire de plus, se serait contenté d'observer les mouvements de l'ennemi, quand il voit arriver à son secours le capitaine Ambiehl et la 1re compagnie de son bataillon, vivement conduite par le commandant de Peretti della Rocca lui-même.

Le commandant avait reçu l'ordre dans la matinée, de la place d'Abbeville, d'aller relever sa 6e compagnie à Longpré, et il était parti deux heures après par le chemin de fer, emmenant avec lui la 1re compagnie, capitaine Mortaigne, d'un effectif de 140 gardes, et le capitaine Ambiehl chargé de ramener ses hommes. Le capitaine Bident, de la 2ᵉ compagnie stationnée à Abbeville, l'avait aussi accompagné, bien aise de profiter de ce voyage rapide pour reconnaître un pays qu'il pouvait occuper bientôt lui-même, quand son tour d'avant-postes serait venu. A peine débarqué, le commandant de Peretti entend des coups de fusil dans le lointain ; des paysans arrivent fort émus annoncer qu'une quarantaine de mobiles, en reconnaissance sur la Somme, sont engagés avec les Prussiens. Il dispose aussitôt ses hommes qu'il lance au pas gymnastique, et ramassant sur sa route, avec l'aide du capitaine Bident, et à Condé-Folie, qu'il traverse, tout ce qui lui tombe de mobilisés sous la main, il s'efforce de les entraîner avec lui pour grossir sa petite troupe, trop peu nombreuse en face d'un ennemi dont il ignore la force et la position.

Toujours courant, la 2ᵉ compagnie, au sortir de Condé-Folie, enfile la route droite qui mène à l'Etoile. La distance est à peu près d'un kilomètre, qu'elle franchit rapidement, et, à peine arrivée sur les bords du canal où des remblais assez considérables et les restes accumulés du pont détruit la dérobent presque à la vue et lui font un solide rempart contre les coups de l'ennemi, elle aperçoit une masse prussienne qui descendait la principale rue du village dans le plus grand ordre et par demi-sections, ni sans paraître soupçonner le moindre danger. Un premier feu de peloton l'arrête dans sa marche et lui met quelques hommes hors de combat. Mais alors les Prussiens se jettent dans les maisons des deux côtés de la rue, et, de là, par les fenêtres, par les toits, par les pignons en paillis qu'ils ont bientôt fini de trouer, répondent à notre feu par un feu violent. Leurs meilleurs tireurs s'établissent à mi-côte, près d'un puits qui domine toute la position, et par un tir plongeant s'efforcent de découvrir et d'atteindre les mobiles abrités par la digue du canal et les débris du pont.

C'était une lutte d'adresse et de ruse où l'avantage, s'il était possible qu'il y en eût quelqu'un, devait rester aux plus habiles. L'ennemi avait cependant la supériorité du nombre, et c'était là une autre condition de succès qui ne pouvait échapper au commandant de Peretti. Les 40 hommes du lieutenant Bloquel avaient été engagés, avons-nous dit, à l'extrémité sud-est du village, et on continuait à les entendre tirailler dans cette direction : jugeant donc nécessaire d'avoir tout son monde sous la main, le commandant court les rallier lui-même et les ramène au groupe principal où tous continuent pendant près de deux heures à faire un feu à volonté. Les gens de Longpré les avaient suivis et n'étaient pas les moins ardents à tirer sur le prussien. Joseph D... n'aurait eu garde de perdre une si belle occasion ; il était là, aventureux et tenace à son ordinaire. Il s'impatiente de l'obstacle que le canal met à son vif désir de faire connaissance de plus près avec l'ennemi, et malgré le danger qu'il y a à le traverser sous une grêle de balles, il trouve à quelque distance une barque amarrée dont il fait sauter l'attache en fer avec le canon de son fusil, et se met bravement en mesure de passer sur l'autre rive. Mais à peine y touche-t-il qu'il n'a que le temps de retourner sur ses pas, et c'est par la plus heureuse chance qu'il n'est pas capturé par cinq ou six casques à pointe, désireux sans doute de comparer sa coiffure avec la leur.

C'est avec le même courage de la part de

tous que se continue à distance cette lutte d'adresse et de sang-froid. Mal armés et n'ayant pour la plupart que des fusils encrassés, dont ils ne savaient encore que peu ou point se servir, les mobilisés hésitaient à s'aventurer en avant et à joindre leurs efforts à ceux de leurs compagnons : poussant l'excitation jusqu'à la témérité, le commandant de Peretti s'expose à découvert pour leur donner l'exemple et les entraîner : « Eh bien, leur crie-t-il, les Prussiens n'auront pas plus de respect pour moi que pour vous, et leurs balles ne m'épargneront pas davantage : croyez-vous donc que votre vie soit plus précieuse que la nôtre ! Allons, en avant, et du courage ! » Le capitaine Ambiehl ne montre pas une moindre insouciance du péril ; il se plante sur la chaussée en s'agitant avec de grands gestes, en appelant les retardataires de toutes ses forces, et en faisant danser sur ses épaules un immense caban à doublure rouge qui devient immédiatement le point de mire des tireurs ennemis : c'est miracle qu'il ne soit pas atteint de plusieurs balles. « Quel dommage, dit un acteur de ce combat, que le pont du canal fût coupé ! Animés comme nous l'étions tous, nous eussions tenté l'abordage à la baïonnette, et comme Maurice de Saxe disait jadis, on aurait bien vu que le fusil peut encore être parfois entre les mains d'un français un terrible manche à baïonnette. »

Il était trois heures de l'après-midi ; la lutte ne pouvait aboutir, et le commandant donna l'ordre de la retraite. Il observait d'ailleurs un mouvement à gauche de la part de l'ennemi qui cherchait à nous tirer en écharpe, en allongeant ses tirailleurs dans des jardins au bas desquels la rivière fait un coude prononcé. Le retraite s'opéra en bon ordre et par échelons en arrière, jusqu'à ce qu'on fût hors de portée de tir ; elle fut marquée pourtant d'un incident douloureux. Le garde Debonte, d'Hénin-Liétard, fut frappé d'une balle qui, l'atteignant entre les deux épaules, le traversa de part en part et alla sortir par devant. Deux autres mobiles furent aussi grièvement blessés, et tous les deux au bras. Debonte mourut le lendemain.

Quelle fut au juste la perte essuyée par l'ennemi, il serait fort difficile de le dire. D'après des renseignements fournis le soir même de l'affaire par des habitants de l'Etoile à la place d'Abbeville, il aurait eu cinquante-deux hommes tués et bon nombre de blessés : c'est beaucoup peut-être, et l'on ne peut rien affirmer. Les Prussiens ont l'habitude constante de dérober leurs morts et leurs blessés. Il ne paraît pas douteux cependant qu'un grand nombre d'entre eux n'aient été mis hors de combat, et les témoignages sont unanimes pour estimer cette perte au moins à trente hommes.

On s'accorde aussi à reconnaître que le parti auquel nos mobiles eurent affaire à l'Etoile était fort de quatre ou cinq cents hommes ; il y en avait au moins autant, on dit même le double, dans le bois du camp de César. La retraite apparente de ceux-ci et l'inaction dans laquelle ils restèrent pendant tout le combat s'expliquent par un fait des plus simples : ils n'auraient pu qu'ajouter d'abord à leurs chances de perte en grossissant démésurément le nombre des combattants, sans nous faire beaucoup plus de mal ; ils avaient à craindre aussi d'être pris à dos par les deux compagnies du même bataillon de mobiles, la 3e et la 7e, stationnées à Ailly-le-haut-Clocher, à 7 kilomètres, et dont les reconnaissances battirent ce jour-là tout le pays situé entre l'Etoile et Ailly.

Quant au but que poursuivaient les Prussiens en s'avançant ainsi en nombre par la rive droite de la Somme, il pouvait bien être de faire contre Abbeville une démonstration déguisée sous le couvert d'une forte reconnaissance ; aussi le bruit courut-il dans cette ville de l'approche de l'ennemi à la date même de ce jour. Ce qui donna lieu plus tard au commandant supérieur Baboin d'insérer dans un de ses rapports la phrase suivante, dont on trouvera la complète explication dans le cours de ce récit : « Les habitants étaient donc exaspérés contre l'autorité et la défense en général, lorsque, le 27 décembre, on signala sur Abbeville la marche d'une colonne prussienne dont la terreur publique exagéra singulièrement les forces. » Cette colonne, tout en suivant la route de la rive droite, avait l'ordre de surveiller la rive gauche et de se rendre compte de tout ce qui s'y passait et qu'il lui importait de savoir ; nos avant-postes commirent l'indiscrétion de l'inquiéter sur son flanc gauche, et c'est sur eux qu'elle essaya de faire tomber tout le poids de sa colère. De là cette affaire du 27 à l'Etoile, à la suite de laquelle une attaque à fond ne pouvait manquer d'être dirigée sur Longpré lui-même : ce qui fut fait le lendemain. Et après, une fois la route rendue libre sur Abbeville, démonstration sur cette ville elle-même : ce qui fut encore fait le surlendemain, à la date du 30. Démonstration insolente, qui faillit pourtant être couronnée de succès, quand un homme, par sa seule présence et son énergie, vint relever les esprits abattus et força l'ennemi à la retraite. Ainsi les faits s'enchaînent et s'expliquent d'eux-mêmes ; et nous pouvons comprendre après cela pourquoi les Prussiens avaient un si grand intérêt à enlever nos avant-postes, et quelles raisons nous avions nous-mêmes d'attendre cette attaque à courte échéance.

Elle eut donc lieu le 28, et pour arriver plus facilement à ses fins, l'ennemi résolut d'agir par surprise. Son but était de tomber sur nous à l'improviste et de ramasser comme par un coup de filet mobiles et mobilisés non prévenus. La tactique suivie fut des plus simples. Partis de Picquigny avec le premier jour, et suivant la route départementale d'Amiens à Eu qui traverse Airaines, ils arrivent vers 11 heures dans cette dernière localité, gravissent la pente septentrionale de la vallée, et se dirigent vers Longpré par les hauteurs de la rive gauche. Leur projet est d'abord de tromper les nôtres, en les attaquant du côté où ils sont le moins attendus, surtout après le combat de la veille ; c'est ensuite de leur fermer toute retraite sur Abbeville ou sur Airaines, en occupant les routes qui mènent dans ces deux directions, et de les forcer ainsi soit à se jeter dans la vallée de la Somme, que ses tourbières et ses marécages doivent rendre difficilement praticables à des fuyards, soit même à remonter la vallée, ce qui les fera tomber plus sûrement entre leurs mains : et, dans cet espoir, un parti nombreux des leurs s'avançait encore par la route de la vallée et le long du chemin de fer, attendant le signal qui devait lui venir de la première colonne pour cerner le village au sud-est et aider à l'attaque principale.

Ils étaient encore décidés par un autre motif à prendre à dos la position qu'ils voulaient enlever. Situé au confluent de l'Airaines avec la Somme, Longpré est tout entier en réalité dans la vallée de l'Airaines, et ses maisons s'étagent sur les deux versants de cette vallée, s'avançant beaucoup plus loin cependant sur les hauteurs de la rive gauche qu'elles couronnent presque, et permettant à qui les a occupées une fois de dominer la localité tout entière et de s'en rendre maître plus rapidement. Cette considération paraît avoir été décisive dans le plan prussien.

L'ennemi joignait aussi le nombre à ces premiers éléments de succès. Les forces qui traversèrent Airaines dans la matinée comptaient de quinze à dix-huit cents hommes, parmi lesquels trois ou quatre centaines de cavaliers. Il n'y avait pas d'artillerie, ce qui semblait inutile pour le coup de main qu'on voulait accomplir. La colonne auxiliaire qui descendait le long de la Somme, par la route d'Hangest, paraît avoir été beaucoup moins considérable ; nous n'avons pu savoir au juste quel était son effectif, parce qu'elle prit peu ou point de part à l'action, mais tout indique qu'elle comptait au moins 600 hommes de troupes. Un escadron de uhlans la précédait pareillement. Le colonel Pestel avait le commandement supérieur de toutes ces forces. Il n'avait pas cru qu'elles fussent exagérées pour mettre de son côté toutes les chances de succès, car il ne pouvait ignorer que nous étions loin de pouvoir lui opposer un pareil nombre de combattants.

Il y avait à Longpré, depuis la veille au soir, trois compagnies du 4e bataillon des mobiles du Pas-de-Calais : la 1re, capitaine Mortaigne, amenée par le commandant de Perretti pour relever la 6e ; la 2e, capitaine Bident, que celui-ci trouvait à la station à son retour de l'Etoile, envoyée comme secours par le colonel Plancassagne, sur le bruit déjà parvenu à Abbeville qu'on se battait sur la Somme; enfin la 7e, capitaine Spriet (Eugène), arrivant par un ordre semblable d'Ailly-le-Haut-Clocher, où elle était cantonnée avec la 3e et deux compagnies du 2e bataillon de la 6e légion mobilisée du Nord. C'était un total de 400 hommes, mais parmi lesquels ceux de la 2e compagnie notamment se trouvaient dans un état de fatigue et de délabrement extrêmes. Ils venaient de passer quinze jours à Pont-Remy, tenus pendant ce temps à des reconnaissances, à des marches et à des contremarches qui les avaient soumis à de rudes épreuves. C'est ainsi que le 24, après être accourus à Longpré, sous le prétexte exagéré que la 6ᵉ compagnie se trouvait engagée vers Hangest contre des forces supérieures, il leur avait fallu, par ordre du colonel Plancassagne et à peine de retour à Pont-Remy, repartir pour Ailly-le-Haut-Clocher menacé, disait-on, par l'ennemi. La fatigue de tous après cette nouvelle course était si grande, et le retour pendant la nuit si difficile, que le capitaine avait dû réquisitionner des charriots pour ramener sa compagnie et un détachement de mobilisés d'Amiens qui l'accompagnait. Les chaussures et les vêtements surtout se ressentaient de cette dure campagne dont ils portaient des traces trop appréciables, et pour laquelle ils n'étaient point faits.

Nous avons dit que quelques compagnies du 2ᵉ bataillon de la 6ᵉ mobilisée du Nord se trouvaient aussi depuis quelques jours aux avant-postes; elles étaient sous les ordres du commandant Broutin. M. Broutin était un ancien officier de l'armée qui, malgré son âge, malgré la nécessité d'un repos que lui imposaient de longues années de service militaire, n'avait pas hésité, à un moment où le pays faisait appel à tous les citoyens, à reprendre le dur métier de soldat pour défendre la patrie en danger : mais combien s'en trouve-t-il qui, sans souci du temps et des fatigues de garnison, aient conservé la force, l'activité et cette assurance de conduite, que nulle guerre n'a jamais réclamées autant que cette dernière guerre ? Quoi qu'il en soit, le total de nos forces se montait à 800 hommes avec les mobilisés ; mais, sur ce nombre, beaucoup ne devaient prendre aucune part à la lutte. La situation était déjà fort compromise à l'avance.

Le 28, au matin, cinquante mobilisés du 1er bataillon de la même légion débarquent encore à Longpré, conduits par leur commandant Saphore, ancien officier du génie, qui devait se faire remarquer bientôt dans les travaux de défense entrepris au mois de janvier pour mettre la place d'Abbeville en état de résister à une attaque imminente des Prussiens. Le colonel Plancassagne les avait envoyés, après l'affaire de la veille, pour voir ce qui se passait sur la Somme et pousser au loin une reconnaissance dont il semblait pressé de connaître les résultats. C'était dans tous les cas un renfort insignifiant comme nombre.

Cependant tous les esprits étaient depuis la veille sous le coup d'une vague inquiétude. Par mesure de prudence, la 7e compagnie de mobiles, arrivée d'Ailly-le-Haut-Clocher à la nuit tombante, s'était logée tout entière dans les bâtiments de la station et, malgré le froid, avait passé la nuit sur la paille dont on avait distribué une demi-botte par homme. Les habitants du village se succédaient pour annoncer les nouvelles les moins rassurantes : que des forces considérables se massaient à Airaines, et qu'elles étaient évaluées à près de 6,000 hommes. On prit quelques mesures. Le commandant Saphore, après avoir échangé deux mots avec le commandant Broutin, se dirigea sur l'Étoile, gravit le camp de César, et n'entendit qu'une sonnerie de clairons vers le sud-est, du côté de Flixecourt. Il rencontra encore des jeunes gens de l'Etoile que les Prussiens avaient emmenés sans raison la veille, et qu'ils relâchaient aussi capricieusement le lendemain ; mais il lui fut impossible de tirer d'eux le moindre renseignement.

A la même heure, le sous-lieutenant François, de la 7e compagnie, arrivait avec vingt hommes à Condé-Folie, où il trouve les mobilisés du Nord, détachés depuis la veille en grand'garde dans cette commune, en train de se chauffer au cabaret. Il pousse de là sur la route d'Hangest, et, à 10 heures, il fait savoir qu'un parti de uhlans est en vue, suivi d'une troupe à quelque distance. A 11 heures, il demande du renfort ; il n'a point été découvert encore avec son détachement, mais une force nombreuse d'infanterie prussienne apparait distinctement sur Hangest.

Pendant ce temps, on prenait aussi quelques précautions dans Longpré. Dès le matin, les deux capitaines de mobiles, Spriet (Eugène) et Mortaigne, avaient parcouru le pays pour visiter les différents postes et étudier le terrain que la neige, en confondant tout, rendait plus difficile à reconnaître. Ils sont frappés, en gravissant les rampes de la rive gauche, de la forte position qu'occupe le château à l'ouest et sur les hauteurs, d'où l'on domine tout le village; c'est avec les dépendances qui l'entourent, jardin, cour et bosquet, clos de murs solides ou de haies, un fort naturel qu'une garnison vigilante rendrait facilement inabordable, et ils obtiennent du commandant Broutin qu'il enverra quelques-uns de ses hommes renforcer le poste qui l'occupe déjà. L'ennemi allait arriver par là.

sans qu'ils s'en doutassent, et cette position bien défendue eût pu devenir un rempart infranchissable. Mais tout faisait penser que l'attaque viendrait d'un autre côté.

C'est en obéissant à la même pensée que le commandant Broutin se décide, vers 11 heures, à faire un mouvement dont il espérait sans doute le meilleur effet. Il rassemble ses mobilisés et leur fait gravir les collines de la rive gauche de la Somme, qu'ils couronnent, entre Condé-Folie et Longpré. C'est afin que si l'ennemi se présente par la vallée de Somme, le long du chemin de fer et de la route d'Hangest, déjà empêché sur sa droite par les marais, il se trouve encore à sa gauche sous le feu plongeant de ces élévations : calcul puéril cependant, quand on n'avait que des armes de tir d'une portée inférieure. Dans la vallée elle-même, à cheval sur la route de terre et la ligne ferrée, le commandant Saphore, revenu de sa découverte, prend position avec son détachement et se tient en communication avec les mobilisés de Condé-Folie. Les trois compagnies de mobiles, réunies depuis 11 heures à la station, forment le corps de bataille et la réserve tout ensemble, et attendent avec une certaine impatience que les Prussiens donnent signe de vie : rien ne peut être plus pénible et plus fatigant qu'une telle attente et une pareille incertitude.

C'est donc bien par la vallée de la Somme qu'on croit devoir être attaqué, et il y avait assurément par là des chances sérieuses nonseulement de tenir l'ennemi en échec, mais encore de lui résister avec avantage. C'était une raison de penser aussi qu'il ne commettrait pas la faute de s'exposer à cette résistance, et qu'il imaginerait quelque surprise capable de lui donner une victoire plus sûre. Aussi, pendant qu'on se garde vers le sud-est, sans négliger de faire une attaque par ce même point, s'avance-t-il par le sud-ouest, où nul n'a l'idée de le voir paraître, pour allonger de là sa ligne de troupes jusqu'au nord-ouest par un mouvement rapide autour de la position à investir et à prendre.

Cependant, si précipitée et si imprévue que soit sa marche, il ne pouvait espérer qu'elle resterait absolument inaperçue. Un peu après midi, un homme d'Airaines arrive tout courant par le thalwegg annoncer que des forces nombreuses se dirigent sur Longpré par les hauteurs ; l'ennemi a lancé lui-même en avant, pour éclairer sa marche, quelques cavaliers, qui ne se dissimulent point assez pour qu'on ne soit pas averti de leur approche : mais c'est une chose si commune de voir des uhlans, isolés ou par groupes, qu'on ne peut conclure de leur présence qu'ils précèdent une colonne tout entière, dont on ne tardera pas à recevoir la première attaque. On aurait pu le savoir par quelques éclaireurs ; il n'y en avait point. On aurait pu jeter quelques obstacles en travers des rues menacées pour s'abriter soi-même et arrêter d'abord l'ennemi, créneler quelques maisons et quelques granges ; les mobilisés, qui tenaient la place depuis quelques jours, auraient eu là une excellente occasion d'exercer leurs loisirs : on n'avait songé à rien de tout cela.

Il était une heure de l'après-midi, quand les trois capitaines de mobiles, toujours postés avec leurs hommes à la station, sur l'avis que des uhlans ont paru sur les crêtes de la rive gauche de l'Airaines, décident d'envoyer vingt gardes de la 7e compagnie renforcer le poste de mobilisés qui défend le château, et que de là une reconnaissance ira à la découverte pour fouiller le terrain supérieur, dans la vallée et au-dessus de la vallée. Le lieutenant Renard est chargé du commandement de cette petite troupe, et il part accompagné du lieutenant Sprict (Paul), de la 8ᵉ compagnie restée au dépôt, qui avait obtenu de suivre en volontaire la compagnie que commandait son frère, afin de faire campagne avec lui.

Les Prussiens, descendant en masse des champs voisins, abordaient presqu'au même instant le village et s'emparaient du château sans coup férir. Il était presque une heure, quand ils arrivèrent en vue de Longpré, précédés d'une nombreuse troupe de cavalerie qui dérobait le gros de leurs forces en les couvrant, selon l'expression consacrée, comme d'un épais rideau. Le reste de leurs chevaux s'était échelonné en vedettes sur la route parcourue et vers Abbeville, à plus d'une lieue de distance. Ils se trouvaient alors à moins d'un kilomètre du village et n'avaient pas encore été aperçus. Le fait s'explique facilement, bien qu'injustifiable. Le coteau, pour s'élever rapidement du fond de la vallée jusqu'aux dernières maisons, ne se termine pas cependant au point précis qui forme la limite des habitations; mais il continue de s'élever, si insensible que paraisse la pente, l'espace de quelques cents mètres, après lesquels seulement commence le plateau où s'était arrêtée la colonne ennemie, et d'où elle échappait à toute observation des points inférieurs. Là, d'abord, est donné un instant de repos aux soldats fatigués d'une marche pénible à travers champs sur un sol couvert de neige et durci par la gelée ; le mouvement commence ensuite pour l'attaque. S'avancer à gauche jusqu'à la Somme, redescendre à droite dans la vallée de l'Airaines, pendant que le centre presque immobile attendra l'ordre convenu, et aborder ensuite la position sur ces trois points en rétrécissant le demi-cercle à chaque pas fait en avant, tel est le but, tel est le plan fort simple à exécuter et qui fut suivi presque de point en point. La colonne auxiliaire qui s'avançait le long de la Somme devait compléter l'investissement par le sud-est : tout était bien combiné.

Le centre commença l'attaque, un peu plus tôt qu'il n'avait été décidé. Il suivait la route vicinale d'Hallencourt (1) à Longpré. C'est

(1) Hallencourt, chef-lieu de canton, à 6 kilomètres de Longpré, vers l'ouest, au point culminant du plateau.

par là que cinq uhlans étant descendus d'abord en avant-garde jusqu'à la porte même du château, sont reçus par quelques coups de fusil auxquels ils s'empressent d'échapper en faisant une retraite précipitée. On s'apercevait enfin, sans se rendre bien compte encore de la situation, qu'une attaque était imminente ; la nouvelle apportée d'Airaines que l'ennemi s'approchait en nombre, commençait à s'ébruiter de proche en proche ; quelques curieux avaient fini par découvrir aussi des casques pointus à l'horizon : quand les uhlans se montrèrent si près et si témérairement, le doute ne fut plus permis. Aussi, quelques minutes sont à peine écoulées que l'infanterie prussienne, avertie par la fusillade, lance en avant ses premiers tirailleurs et les suit elle-même à un court intervalle.

Les vingt hommes de la 7e compagnie se dirigeaient au même moment vers le château, pour en renforcer le poste tenu par les mobilisés. Ils gravissent la rue Martin-Saillant, prennent la rue Saint-Martin à gauche, et pénètrent dans la cavée Vincent (chemin creux) qu'ils montent au pas de course, croyant arriver par là au château. Ils se trompaient de rue, et durent à cette circonstance de ne pas tomber au milieu des Prussiens déjà maîtres de cette position conquise sans effort. Au premier moment de l'action, si ceux-ci avaient eu l'audace de brusquer l'attaque et de s'élancer résolument en avant, ils eussent sans aucun doute enlevé le village en un clin d'œil et sans lutte ; mais l'ordre était donné d'opérer un mouvement d'ensemble sur la ligne entière, et il fallait qu'il fût exécuté. C'est ce qui permit à nos mobiles d'ébaucher à la hâte un essai de défense qui ne devait pas assurément être couronné de succès, mais pouvait au moins arrêter l'ennemi pendant un certain temps et lui causer des pertes sérieuses. Les Allemands eux-mêmes ont remarqué la grande habileté avec laquelle nos soldats ont su, dans toute cette campagne, se cantonner dans les villages et faire de là une longue et sanglante résistance à des troupes toujours supérieures en nombre. Parvenus en haut de la cavée Vincent, les mobiles se trouvent engagés tout à coup avec les tirailleurs ennemis qui descendaient déjà vers la Somme, après avoir dépassé le château, et qui, embusqués dans les jardins et derrière les haies à gauche, les accueillent par une fusillade vive et nourrie. Ils se couchent immédiatement sur le sol en s'abritant dans le chemin creux, et répondent à leur tour par un feu précipité que les deux lieutenants s'efforcent de rectifier par des indications précises.

La lutte était engagée. Quelques gardes s'établissent dans une grange voisine, dont le pignon, en terre et paille, rapidement crevé par eux, est converti en meurtrières par lesquelles ils dirigent un feu plongeant sur l'ennemi. C'est une excellente position qui, cependant, devient bientôt intenable. Les Prussiens prennent pour point de mire ce mur de grange qui s'émiette et tombe en poussière sous leurs coups répétés; il est percé à jour en quelques minutes et abandonné de ses défenseurs, avant qu'un seul d'entre eux ait reçu la moindre atteinte de cette pluie de balles. Il y avait d'ailleurs un autre danger, d'être pris dans ce bâtiment comme dans une souricière. La cavée Vincent menaçait d'être occupée à ses deux extrémités par l'ennemi : dans la partie supérieure, du côté des champs, par son aile gauche qui s'avançait lentement et méthodiquement, en se rapprochant de la vallée de la Somme ; à son extrémité inférieure, du côté du village, par le centre qui descendait la rue du Château. Ces deux rues, en effet, se coupant presque à angle droit à leur point de départ, les Prussiens, une fois maîtres de l'une, tenaient également l'entrée de l'autre. Le péril était instant des deux côtés.

Les mobilisés du château, désespérant de pouvoir défendre contre des forces trop supérieures en nombre la position qu'ils occupaient, avaient lâché pied dès le premier moment. Les uns furent faits prisonniers; les autres s'échappèrent. Quelques-uns étant parvenus à se jeter dans la rue du Château, et profitant de tous les abris de portes, d'encoignures et de murs saillants qui s'offraient, entreprirent de défendre un terrain où les assaillants ne s'aventuraient qu'avec une extrême circonspection. Mais cette résistance, à cause de leur petit nombre et de leurs armes imparfaites, ne pouvait être ni longue ni efficace, et l'ennemi, s'emparant de la rue du Château dans toute sa longueur, allait couper la retraite à la vaillante petite troupe qui tiraillait un peu plus haut. Eventualité plus grave ! il n'avait que quelques pas à faire pour pénétrer de là dans le centre même du pays et l'occuper sans combat. C'est alors que le lieutenant Renard, descendant en hâte du haut de la cavée Vincent, prend position à l'intersection des deux rues avec une dizaine d'hommes et se met à tirailler en enfilade vers le château. Il y a là un renfoncement de maisons et surtout un puits dont la monture leur est un solide rempart et un abri salutaire. Les gens de Longpré leur apportent encore un efficace secours.

L'occasion se présentait enfin pour ces hardis volontaires de tâter du Prussien et de le combattre, sinon avec des armes égales, au moins avec un courage supérieur ; ils n'y faillirent point. S'il n'eût tenu qu'à eux, pas un de ces soudards n'eût échappé au sort que tous n'ont que trop mérité. Si, comme eux, les villes et les campagnes s'étaient levées en masse contre l'envahisseur, si chaque commune seulement eût fourni dix, quinze de ces héroïques téméraires, qui sait quelle fût enfin devenue la fortune de la guerre, et ce qui serait enfin sorti pour la France de cette débauche de patriotisme et d'audace ? Tous les officiers, tous les gardes du 4e bataillon des mobiles du Pas-de-Calais, engagés dans l'affaire du 28, rendent témoignage de la bravoure et du patriotisme montrés en ce jour par les volontaires de Longpré ; pour tout dire en un mot, c'est en ces termes brefs mais singulièrement expressifs dans la bouche de leur auteur, que le commandant de Peretti della Rocca les a loués en nous envoyant ses notes sur ce combat : « Je dois rendre hommage au patriotisme des habitants de Longpré, qui se montrèrent de vrais Français. Honneur à eux ! » Et dans une circonstance récente et plus solennelle, le 28 décembre dernier, élevant la voix sur la tombe de ses mobiles dont il était venu célébrer l'anniversaire funèbre, au milieu de la population tout entière du village réuni, M. de Peretti répétait cette louange méritée : « ..... Ce m'est un devoir aussi, lorsque je viens gémir et prier sur la tombe de ceux qui étaient comme mes enfants, de rendre un juste hommage aux habitants de Longpré qui n'ont pas craint d'unir leur vaillance à nos efforts, et dont quelques-uns ont succombé en ce jour par la fureur d'un ennemi sans pitié : oui, honneur à eux ! honneur à tous. »

En vérité, il y a eu tant de défaillances

dans cette déplorable campagne, qu'il est bon de décerner l'éloge, chaque fois qu'on peut le faire sans réserve.

Ces rudes paysans étaient donc accourus au bruit de la fusillade. Joseph D.... s'était joint des premiers à la poignée de mobiles qui engagèrent l'action. Combien nous regrettons de n'avoir pu recueillir les noms de tous ceux qui déployèrent la même intrépidité, pour leur rendre le témoignage public et personnel dont ils sont dignes ! « Dans la position critique où je me trouvais avec mes hommes, dit le lieutenant Renard, les gens de Longpré nous aidèrent singulièrement par leur adresse et leur sang-froid. Il y en avait dix ou douze à faire le coup de feu avec nous au bas de la rue du Château, et si les Prussiens ne s'étaient jetés de l'un et l'autre côté dans les habitations, ils leur eussent fait un mal incalculable. Enfin, quand ceux-ci, s'avançant quand même par la force du nombre et à l'abri des maisons, nous touchaient presque, je fus obligé de crier moi-même à ces braves compagnons de se retirer, en abandonnant leurs fusils, s'ils ne voulaient s'exposer à être pris les armes à la main et fusillés sur le champ comme non militaires. »

Un autre secours était arrivé un peu auparavant au lieutenant Spriet, toujours embusqué dans le haut de la cavée Vincent, et c'est là ce qui l'empêchait encore d'être tourné et débordé sur sa droite par l'aile gauche prussienne. Le reste de la 7e compagnie, accourant de la station au bruit de la fusillade, avait pris position dans tous les bâtiments, maisons d'habitation et granges, qui bordent les champs, sur la droite de la cavée, et de là elle commençait à entretenir un feu fort gênant pour l'ennemi qui s'avançait en masse et à découvert sur un terrain en pente, raboteux et tout blanc de neige.

Les trois compagnies de mobiles, toujours attendant les événements au chemin de fer, avaient entendu la fusillade éclater bientôt après le départ des vingt hommes conduits par les lieutenants Renard et Spriet. Nul ordre n'arrivait d'aucun des deux commandants : il fallait aviser au plus vite. Il est décidé que la 2ᵉ et la 7ᵉ compagnies se porteront au-devant de l'ennemi, et que la 1ʳᵉ formera la réserve. Il restait quatre-vingts hommes de la 7ᵉ : un troisième détachement gardait un poste établi dans un moulin à trois cents mètres derrière la station, au milieu des marais de la Somme ; le capitaine Spriet les entraîne à son tour vers les hauteurs, et, par la rue Martin-Saillant qu'il remonte, traversant ensuite la rue Saint-Martin et franchissant des jardins et des haies qui ne l'arrêtent point, il pénètre dans les maisons qui avoisinent la rue Neuve, d'où l'on a vue sur les champs et sur le haut de la cavée Vincent.

Il organise un plan de défense à la hâte. Le but de l'ennemi est facile à deviner, c'est de tourner le village à son extrême gauche et d'y pénétrer sans combat par un simple mouvement de marche : il faut l'en empêcher, ou du moins le retarder dans l'exécution de son projet par une résistance inattendue. Le capitaine Spriet jette une partie de ses hommes à l'extrémité de la rue Neuve, côté des champs, sous un haut rideau à la crête duquel ils s'établissent au milieu de quelques buissons ; c'est une position qui n'est pas désavantageuse, et qui leur permet de faire un feu plus assuré au ras du sol. Avec le reste, il occupe les maisons voisines dont il lui faut d'abord déloger quelques tirailleurs ennemis, qui s'y étaient audacieusement aventurés. Une lutte d'adresse et de ruse s'engage à cette occasion, et c'est à qui saisira le moment le plus propice pour envoyer une balle à son adversaire.

Une fusillade régulière commence aussitôt de ces deux positions, et, pour citer encore un témoignage en faveur des gens de Longpré, celui du capitaine Spriet, « les huttiers du pays donnent un vigoureux coup de main à nos mobiles. » L'un d'eux a fait une véritable forteresse du grenier de sa maison et dirige le feu des gardes qui sont venus le renforcer : « Tirez à l'aise, mes amis, leur répète-t-il, sans vous presser; on ne fait rien de propre que comme ça. » Et la fusillade redouble par les toits couverts de chaume qu'on crève sans effort, et contre lesquels les balles de l'ennemi sont sans effet. Le danger est plus grand sous les couvertures en pannes. C'est là que le capitaine Spriet faillit être frappé au milieu même de l'action : perte d'autant plus fâcheuse qu'il était seul à commander le reste de sa compagnie. Il avait pénétré avec cinq hommes dans une grange, sur les poutres de laquelle il s'établit solidement avec ses tireurs : « Là, dit-il, en soulevant les pannes, l'on avait un beau tir sur des masses qui n'étaient abritées contre nos coups que par des haies. Mais les Prussiens ont bientôt éventé la position et nous envoient une grêle de balles qui a vite fini de faire voler toute la toiture en éclats. Ce fut un singulier bonheur que pas un de nous ne reçut la moindre égratignure. »

Tout le monde d'ailleurs fait bravement son devoir. Un garçon jovial trouve même le temps de plaisanter et s'écrie, en apercevant les Prussiens, qu'ils ressemblent à s'y méprendre aux pompiers d'Estevelles, son village ; ce qui n'eût pas flatté ceux-ci, s'ils eussent pu l'entendre. — Au centre de la ligne, le garde Binet traîne avec ennui, cherchant de toutes parts un fusil qu'il ne trouve point : le sien est hors de service. Malheureusement un camarade tombe près de lui mortellement blessé ; il s'empare aussitôt de l'arme qu'il convoite et n'a plus qu'un souci, de restituer aux Prussiens tout le mal qu'il n'a pu leur faire plus tôt. — Un autre offre de parier à un camarade qu'il abattra d'un premier coup de fusil un cavalier que l'on voit galoper à cinq cents mètres dans la campagne, et le cavalier démonté roule en effet dans la neige.

Mais nos pertes ne sont pas moins douloureuses. Le garde Dufour est atteint d'une balle qui lui traverse le ventre ; fou de douleur, il se jette au cou de son capitaine qu'il suivait, et celui-ci, tout en essayant en vain hélas ! de le soulager, le transporte lui-même un peu en arrière de la ligne. On accourt l'avertir que deux hommes viennent encore d'être frappés mortellement à la gauche, les gardes Dubois et Dedourges, et que l'ennemi, faisant de rapides progrès de ce côté, menace de tourner la position.

Ce n'était que trop vrai. Tant que le lieutenant Spriet avait pu tenir avec ses dix hommes en haut de la cavée Vincent, il avait efficacement couvert la gauche de la 7e compagnie postée à sa droite ; mais l'ennemi s'avançant bientôt en nombre dans ce chemin creux, l'avait forcé de battre en retraite par un feu droit et plongeant, et lui-même pouvait dès lors descendre par la même route, à l'abri des talus entre lesquels elle se trouve encaissée. Il n'y manqua point, bien qu'un autre obstacle venait de se dresser soudain devant lui.

Six hommes de la 7ᵉ compagnie sont postés sous un toit qui commande cette descente, et, à cent cinquante mètres, ils tirent dans la masse qui se présente devant eux. Ils ne suffisent pas cependant à l'arrêter, bien qu'il ne leur échappe point que rien n'est plus grave que ce mouvement de l'ennemi. C'est, en effet, de la cavée Vincent, à laquelle elle est latérale, que se détache la rue Neuve, et les Prussiens, arrivés au point de jonction de ces deux rues, menacent directement la 7ᵉ compagnie sur sa gauche. Et c'est en vain que le capitaine Spriet accourt avec dix hommes pris au centre, que peut cette poignée d'imprudents contre des centaines d'assaillants? Ils sont salués par une fusillade à bout portant; plusieurs d'entre eux sont blessés, et le garde Baillet reçoit dans la bouche une balle qui lui fracasse la machoire et va sortir au milieu du dos. Cet homme déploya une rare énergie et un courage plus grand encore. Malgré cette terrible blessure, ne sentant point et ne voulant pas sentir son mal, il continue de tenir tête à l'ennemi et ne renonce à combattre que quand il tombe à bout de forces (1).

(1) Le garde Baillet, d'Harnes, canton de Lens, a pu survivre à cette terrible blessure ; mais un bout de langue

La retraite allait devenir nécessaire. Il était de deux à trois heures. La défense avait été vaillante et plus longue qu'on ne pouvait l'espérer. Tournée sur sa gauche, la 7e compagnie était encore menacée sur sa droite par un gros de cavalerie. Le centre, vigoureusement attaqué, continuait de se défendre avec succès ; mais il allait être cerné et fait prisonnier, sans que rien pût le préserver d'un pareil sort. Le capitaine commanda la retraite par sections et en échelons ; le terrain se prêtait bien à cette manœuvre que le feu de l'ennemi rendait d'ailleurs fort périlleuse. Croyant d'abord à une déroute, celui-ci se jette à notre poursuite sans ordre et sans observer sa prudence habituelle ; mais il est accueilli de telle sorte par la première section qui l'attend de pied ferme, qu'il s'arrête court et se tient pour averti qu'il y a quelque distance à garder. C'est là un fait, croyons-nous, qui s'est reproduit souvent dans les luttes partielles et les escarmouches où nos détachements se trouvèrent engagés contre les Prussiens, et où il leur a suffi de faire bonne contenance

lui a été enlevé par la balle, et ce ne sera là sans doute que le moindre inconvénient dont il ressentira les effets après un tel accident.

pour les arrêter court dans leur poursuite et leur agression. Chaque fois que la plus large part a pu être faite au courage individuel, le plus mince français l'a emporté sur le plus colossal allemand : c'est l'histoire si fréquemment renouvelée de l'homme aux trousses duquel se précipite en grognant un chien qui n'a tant d'ardeur que parce qu'on a l'air de fuir devant lui ; mais fait-on volte-face soudain, la bête devient prudente et se retire en aboyant. Ainsi fait le poltron qui chante pendant la nuit pour tromper sa peur. Après cela, le chien peut avoir des qualités auxquelles la nature du Prussien sera toujours réfractaire.

Le capitaine Spriet fut rudement éprouvé à la dernière heure. La retraite se faisait sur ce terrain découvert qui descend en pente rapide de l'extrémité de la rue Neuve à l'extrémité de la rue Saint-Martin, pour aller aboutir à la route d'Abbeville et au chemin de fer dans la vallée de Somme ; les terrasses s'y succèdent de haut en bas pour soutenir le sol supérieur, et si elles offraient des abris successifs propres à la défense, il y avait un autre danger à dégringoler trop vite. Le capitaine Spriet avait déjà reçu une blessure à la main et n'en continuait pas moins à diriger et à soutenir vigoureusement ses hommes, quand soudain, frappé de nouveau et glissant dans la neige et sur le sol durci, il fait une chûte terrible du haut d'une de ces terrasses à pic et se brise la jambe gauche en tombant. Il payait pour la compagnie entière, dont pas un garde ne fut blessé avec lui. Ne pouvant plus se traîner, il donne l'ordre à un de ses sous-officiers de continuer la retraite vers la station et de se rallier à la réserve.

Le lieutenant Spriet, après avoir abandonné la partie supérieure de la cavée Vincent, avait fait de son côté un mouvement de recul jusqu'à l'église, à quatre cents mètres environ au-dessous de sa première position ; mais là, il s'était fortifié derrière l'enceinte en maçonnerie du cimetière, et continuait de tenir bon contre l'ennemi arrêté de nouveau par cette défense inattendue.

Posté dans la partie basse de la rue du Château et à son point de jonction avec la cavée Vincent, le lieutenant Renard, dont les canardiers du pays doublaient la petite troupe, avait pu tenir un certain temps l'ennemi en échec; et quand le lieutenant Spriet, se repliant sur lui, lui amena encore le secours de ses dix hommes, il lui fut possible, grâce à ce renfort, de prolonger de quelques instants cette lutte opiniâtre : mais c'était à une double attaque qu'il fallait dès lors aussi faire tête, car la fusillade commençait à éclater dans toute la longueur de la cavée Vincent, et il est bientôt impossible de se maintenir dans cette position que le peu d'espace dont on dispose rend encore plus périlleuse. Les mobiles avaient vainement essayé de pénétrer dans les maisons voisines que la crainte des Prussiens tenait fermées ; mais ceux-ci, brisant ce qui leur fait obstacle, s'emparent de vive force de tout ce qui peut leur être utile pour la bataille ; ils enfoncent portes et fenêtres à coups de crosses de fusil, et d'habitation en habitation, par les cours intérieures et les jardins, ils s'avancent à couvert et rendent vains tous les efforts de la résistance. La retraite est décidée. Mais quand il s'agit de s'exposer directement au feu de l'ennemi en abandonnant les abris, si minces qu'ils fussent, derrière lesquels on se dérobait, il y a un moment d'hésitation : le lieutenant Renard passe le premier sous les balles, et le reste suit en deux sections pour continuer à faire le coup de feu à tour de rôle et sans interruption. Le lieutenant Spriet dirige cette manœuvre qui se fait avec beaucoup de précision, et si périlleuse qu'elle soit, un seul des vingt hommes est mortellement atteint d'une balle qui le frappe au front à l'entrée même du cimetière. Deux autres gardes avaient été pareillement blessés dans toute cette affaire.

Le lieutenant Spriet avait dû déployer une grande énergie pour entraîner quelques-uns de ses hommes avec lui dans cet enclos du cimetière ; il alla jusqu'à les menacer de son revolver : car, si avantageux que le lieu parût pour la défense, il ne semblait pas moins propre à devenir une attrape-mobiles où l'on allait se faire prendre sans moyen d'éviter ce mauvais sort. Mais il y avait de sérieuses raisons de s'arrêter quand même à ce parti.

Aucune idée d'ensemble n'avait inspiré la résistance. Parti le premier, le détachement de la cavée Vincent était resté depuis le commencement de la lutte sans communication aucune avec le reste de la 7e compagnie, à laquelle il appartenait ; et quoi que celle-ci fût venue s'embusquer si près de lui, il ignorait complétement que ce fût elle qui avait pris position sur sa droite ; il ignorait aussi quel rôle était tenu au même moment par les autres compagnies : mais il entendait la fusillade à sa droite : c'était la 7e compagnie ; il l'entendait à sa gauche : c'était la 2e ; il savait dès lors qu'il occupait le centre de la ligne de combat, et il était d'un intérêt majeur qu'il continuât de servir de trait d'union entre les deux troupes toujours engagées de l'une et l'autre part. Le lieutenant Spriet fut décidé par cette considération à prolonger la résistance par tous les moyens en son pouvoir : le cimetière lui offrait un fort naturel, il l'occupa.

Le cimetière et l'église, à peu près au centre du village, sont situés au bas de la place ou rue des Cloîtres, à l'extrémité supérieure de laquelle, à gauche, vient déboucher la cavée Vincent par une sorte de gorge resserrée qui rend le passage difficile et périlleux ; c'est au-dessus de cette gorge que la rue du Château coupe la cavée pour se prolonger l'espace de quelques mètres encore, au-dessus de la place des Cloîtres, jusqu'à la rue Saint-Martin qui part elle-même de la partie supérieure, à droite, de cette même place. Or, la distance de l'église, en remontant la place, à la rue Saint-Martin, à la rue du Château et à la gorge de la cavée Vincent, est à peine de cent cinquante mètres ; ce qui permet aux mobiles postés dans le cimetière de tenir sous le canon de leurs fusils tous les Prussiens qui osent se montrer au bout de ces trois rues. Mais bien peu sont désireux de tenter l'aventure, et encore le font-ils avec la plus extrême prudence. Le garde Boudry s'est aperçu que chaque fois qu'un coup de fusil a été tiré du cimetière, c'est alors que quelques-uns d'entre eux se hasardent à se démasquer pour faire feu à leur tour; il prévient ses camarades qui s'entendent pour tirer à la file, et le stratagème réussit tellement bien que l'ennemi n'ose plus se découvrir.

Mais il est loin de rester inactif pendant ce temps; il pénètre en grand nombre par les jardins de la rue du Château dans les jardins et les maisons de la place des Cloîtres, et par les fenêtres, par les lucarnes des bâtiments, il ouvre un feu violent contre le cimetière. On essaie de riposter quand même, lorsque la position est prise à revers par une troupe qui débusque d'un autre côté. L'aile droite prussienne a pénétré dans le village par la route d'Airaines qui longe les murs du cimetière, et c'est par là que vient cette nouvelle attaque. La résistance devenait impuissante, quand un renfort inespéré arrive au lieutenant Sprict: c'est le capitaine Bident avec cinquante-quatre hommes qui lui restent de sa compagnie.

Un incident assez drôlatique venait de se passer dans une des maisons qui avoisinent la gorge de la cavée Vincent, qu'on désigne, croyons-nous, par le nom particulier de rue des Prêtres, pendant que les Prussiens s'efforçaient, en tirant de là, d'éteindre le feu des mobiles retranchés dans le cimetière. Ils avaient pénétré dans cette maison et voulaient en forcer le propriétaire à les suivre sur le lieu du combat. Etait-ce pour s'en faire un bouclier? ou pour le joindre à la troupe de ceux qu'ils songeaient déjà à emmener comme prisonniers? on ne sait trop ; mais pour quoi que ce fût, la chose était mal agréable. Un trait d'habileté sauva l'homme menacé. C'était le chantre de la paroisse. Il avait là sous la main un litre d'eau-de-vie auquel on n'avait encore que peu ou point touché : — « Cognac?

s'écrie-t-il en brandissant la bienheureuse bouteille. — Ah ! cognac, ya, cognac, jargonnent les Allemands.» — Et les voilà tous le bec en l'air comme des pierrots qui attendent la pâtée. Le chantre prend un verre, un seul, et méthodiquement, sans se presser, leur verse rasade à la ronde ; et tous ces drôles de s'en aller à la file après avoir bu, comme des mendiants à qui l'on vient de distribuer le sou hebdomadaire. Tout le brandevin y passa avec un autre litre de quelque chose encore ; mais le chantre s'en tira les braies nettes. Nous revenons à la compagnie Bident.

La 2e compagnie, en quittant la station, avait suivi la rue d'Airaines jusqu'au bout en passant par la rue de la Station et celle des Pâtissiers, et l'avait parcourue dans toute sa longueur au pas de course. Elle comptait de 70 à 80 hommes ; 45 étaient restés de garde au chemin de fer sous la conduite du sergent Galo. Arrivée au calvaire, qui se trouve à l'extrémité de la rue, elle est accueillie par une fusillade à laquelle elle riposte coup pour coup : c'est l'aile droite prussienne qui descend des hauteurs dans la vallée pour péné-

trer dans le village en resserrant de son côté
le cercle d'investissement. Tout l'espace compris entre le château et la rue d'Airaines,
jardins et terrains plus ou moins découverts,
est noir d'ennemis qui se pressent en foule,
selon leur habitude, pour écraser toute résistance par la supériorité du nombre : à cette
vue, le capitaine Bident prend une résolution
rapide. Il laisse au sous-lieutenant Crépin,
barricadé avec quelques hommes dans une
maison à gauche, le soin de défendre l'entrée
de la rue ; pour lui, se jetant dans les maisons
à droite et tout en continuant de tirer à couvert sur l'ennemi exposé à ses coups, il accomplit un mouvement de recul qui doit le
ramener vers le centre du village et du côté
de l'église : il espère de là pouvoir remonter
vers le château dont la position est d'une importance capitale pour l'issue de la défense,
et se joindre aux mobilisés qu'il croyait toujours maîtres de la position. Il n'avait aucune
donnée sur la force réelle de l'ennemi ; il
était sans nouvelle de la 7e compagnie, et la
résistance devait rester jusqu'à la fin partielle,
isolée et, pour ainsi dire, individuelle : il y
avait nécessité de s'inspirer de soi-même, et
ce qui, dans toute autre circonstance, eût

passé pour imprudence ou témérité, devenait au contraire un acte de hardiesse et de courage.

Une dizaine de canardiers s'étaient encore joints à la 2ᵉ compagnie, et il y avait là, raconte M. Bident, un fort et grand gaillard armé d'un chassepot ou d'un albini, héritage des mobilisés de la Somme, précédemment à Longpré, qui arpentait le terrain en tête de la troupe et promettant de nous conduire à coup sûr jusque dans la place à emporter. Mais rien n'était moins facile. Les Prussiens avaient commencé par s'établir solidement dans le château et dans les habitations voisines, et ce n'est pas eux qu'on aurait pu ni attaquer ni déloger par surprise. Aussi, à peine la 2ᵉ compagnie a-t-elle fait quelques pas en remontant la rue du Château, qu'elle est arrêtée par une fusillade terrible qui lui met quelques hommes hors de combat, et force lui est de se jeter de nouveau dans les maisons où elle peut pénétrer, pour revenir se poster à couvert dans une brasserie dont la position sur la rue des Cloîtres, entre le château et l'église, peut empêcher d'arriver facilement de l'un à l'autre. Placée au point de rencontre de la rue des Cloîtres et de la route d'Airaines, l'église occupe en effet le centre de la localité, et l'ennemi devait la prendre comme le dernier et le plus important objectif de ses efforts ; il était donc d'un grand intérêt qu'elle fût défendue jusqu'à la dernière extrémité : en occupant cette brasserie, le capitaine Bident allait contribuer pour sa part à cette défense, et l'ennemi qui ne s'y trompe pas, se met à l'attaquer avec fureur en descendant du château par les jardins.

C'est un moment après la diversion faite par la 2e compagnie que le lieutenant Renard était descendu de la cavée Vincent pour défendre l'entrée de la rue du Château, et ainsi, sans qu'il y eût eu la moindre entente, la résistance était organisée à cette heure sur toute la ligne, depuis l'extrémité de la rue d'Airaines jusqu'au sommet de la rue Neuve, en passant par la rue des Cloîtres et la cavée Vincent : d'un côté, la 2e compagnie en deux sections ; de l'autre, la 7e, également partagée en deux et même trois troupes de force inégale.

Mais ces deux compagnies n'atteignaient même pas comme nombre au chiffre de 200 hommes ; c'était un combat de un contre dix.

La défaite ne pouvait plus dès lors être qu'une affaire de temps. Qui sait pourtant si un renfort prestement amené et habilement dirigé, en permettant de prolonger cette résistance, n'eût pas été décisif pour l'événement de la journée ? Il n'en vint aucun, ou si quelques mobilisés descendirent des hauteurs où ils avaient pris position avant midi, leur secours ne fut pas d'une grande efficacité, et ils furent presque immédiatement faits prisonniers sur les bords de la rivière et dans la rue d'Airaines avec leur commandant et quelques autres officiers.

Proclamons bien haut pourtant que plusieurs d'entre eux déployèrent une grande bravoure et prouvèrent leur courage en se faisant tuer. Embusqué au tournant d'une ruellette, le caporal Houssard entretient de là un feu qui irrite fort les assaillants, et devenu pour un moment leur point de mire unique, il entend bientôt cinquante balles siffler à ses oreilles. Les Prussiens s'étaient d'abord établis dans une maison à étage, la dernière à droite sur Airaines, dont la hauteur et la position avantageuse leur permettent de prendre la rue en enfilade ; ils en défoncent le pignon en terre et ouvrent de l'étage et du grenier un feu violent contre tout ce qui s'offre à leurs coups. Houssard riposte quand même à la terrible fusillade qui s'acharne contre lui, et seul il défie une troupe entière ; mais son héroïsme est plus grand que son bonheur, et frappé mortellement, il tombe pour ne plus se relever. Un peu plus tard, quand les tirailleurs prussiens arrivèrent jusqu'à lui, ils mirent le comble à ce premier exploit par un autre exploit glorieux ; le brave mobilisé était chaussé d'une paire de bottes qui tenta leur cupidité, et ils l'en dépouillèrent en un tour de main.

On cite encore les noms de deux autres mobilisés qui auraient été tués ou blessés mortellement en combattant, Saintolie et Piquet, de Nomain. Un quatrième, vivement poursuivi par plusieurs Prussiens qui le serraient de près, abandonna sa tunique entre les mains de celui qui l'avait déjà saisi et lui porta un coup de crosse de fusil à l'assommer ; il s'enfuit ensuite jusqu'à Airaines par la vallée et fut soigné pendant quinze jours dans l'hospice de ce bourg. Il avait eu le haut de la figure contusionné par un coup de feu à la suite duquel il perdit un œil. Après ces quinze jours, il s'en alla retrouver son bataillon à Abbeville. Le courage individuel du Français se retrouve toujours, plus grand peut-être encore dans la défaite que dans la victoire : ce qui faisait défaut surtout dans cette affaire, c'était l'unité de direction et de commandement sans laquelle les plus héroïques efforts ne pouvaient aboutir qu'à une défaite, si glorieuse qu'elle fût. Mais, après coup, il est bien permis de croire, ne serait-ce que pour se consoler et par amour-propre, qu'avec cette direction d'ensemble donnée par un homme énergique et intelligent, avec les renforts qu'Abbeville devait avoir à lui envoyer, avec le secours inappréciable que lui eût apporté une population brave et résolue, les choses eussent complètement changé d'aspect et se fussent autrement terminées.

Le capitaine Bident avait tenu dans la brasserie, tant qu'il avait pu le faire sans exposer sa compagnie témérairement ni compromettre tout à fait sa ligne de retraite ; mais le nombre des ennemis grossissant de minute en minute, et trois de ses hommes ayant été blessés coup sur coup, l'un à la tête, l'autre au bras, et le troisième à l'épaule, il songe à abandonner une position qu'il n'y a plus ni prudence ni profit à garder davantage, et à se retirer dans le cimetière qui lui fournira un autre centre de résistance. D'ailleurs, les Prussiens ont envahi les maisons voisines, et il va se trouver cerné de toutes parts. Il traverse donc la maison et la cour charretière de la brasserie, débouche par la porte cochère dans la rue des Cloîtres qu'il franchit rapidement, et prend position autour de l'église avec le lieutenant Spriet vivement pressé de deux côtés.

Il restait, avons-nous dit, 54 hommes de la 2ᵉ compagnie. Les autres occupaient la rue d'Airaines avec le sous-lieutenant Crépin ; un certain nombre avaient été mis hors de combat ; plusieurs étaient restés embusqués ici ou là pour faire le coup de feu à leur aise et à leur guise. On cite un caporal qui s'attarda à la gorge de la cavée Vincent et de là dirigea le long de la rue du Château un feu méthodique et bien nourri, jusqu'à ce qu'une balle vint lui fracasser le bras. Il mourut plus tard à Abbeville des suites de sa blessure.

Renforcés par la 2ᵉ compagnie, les défenseurs du cimetière reprennent un instant l'avantage du côté de la route d'Airaines et forcent l'ennemi à se mettre à couvert de leurs balles, soit en rétrogradant, soit en se jetant dans les maisons d'alentour. Ils reçoivent encore là un utile secours des tireurs du pays dont l'un, embusqué de l'autre côté de la rue, dans la halle marchande, attire sur lui une grêle de balles dont on verra longtemps les traces sur le pilier angulaire du bâtiment. Il est visible cependant que c'est le dernier effort de la lutte. Les munitions vont bientôt manquer aux mobiles, et un feu plongeant est dirigé contre eux de toutes les habitations de la rue des Cloîtres, désormais occupées par l'ennemi. Le capitaine Bident songe alors à se retrancher dans l'église et à pénétrer jusques dans le clocher d'où il aurait été bien difficile de le déloger. « De là, dit-il, je crois que nous aurions fait durer le combat assez de temps pour être secourus. » Il envoie donc, avec grand péril et à deux reprises différentes, le caporal Plachet de sa compagnie en chercher les clefs ; mais elles ne se trouvent point. « La position, comme bien vous le pensez (nous continuons de citer M. Bident), devenait critique : un cercle d'ennemis nous entourait, les balles tombaient comme grêle, et, sans l'abri de la muraille et des tombes, pas un de nous ne serait resté sur pied. Tout à coup nous entendons des hourrahs frénétiques : l'ennemi avait pénétré dans le village de tous les côtés à la fois. C'est alors que, après en avoir enfoncé la porte, nous nous enfermâmes dans la sacristie. — La position derrière les murs, lisons-nous dans les notes du lieutenant Spriet, n'est plus tenable. Ces murs, fort peu élevés, sont trop près des habitations; l'ennemi nous tire des toits....Le capitaine ne pouvant gagner le clocher et s'y défendre jusqu'à la dernière cartouche, fait enfoncer la porte de la sacristie; les hommes y entrent lentement, dégarnissant un à un les murs du cimetière ; mais déception ! malgré tous nos efforts, la porte intérieure de communication avec l'église résiste. Au même moment, les Prussiens descendent en masse la rue du Château et occupent le centre du village. »

Ils en étaient les maîtres. Un incident remarquable est à citer ici. Quand il fut question de traverser la gorge qui mène de la rue du Château et de la cavée Vincent sur la place des Cloîtres, l'instinct d'un péril inconnu fit hésiter longtemps les soldats prussiens qui refusaient d'avancer. Il fallut que leurs officiers, joignant éloquemment le geste à la parole, les frappassent à coups de plat de sabre pour ranimer leur courage. En même temps, les tambours s'étant mis à battre la charge, ces deux moyens réunis finirent par triompher de leur indécision ; et tous alors, s'excitant par ces hourrahs formidables, se précipitèrent comme une avalanche vers l'église. En entendant ces clameurs, quelques personnes renfermées au fond de leurs maisons s'imaginèrent que les nôtres vainqueurs s'écriaient: Courage! courage! L'illusion ne fut pas longue, et l'ennemi ne tarda guère à prouver que la barbarie prussienne venait de remporter une nouvelle victoire.

Tous ceux qui ont vu cette race de près dans la bataille sont d'accord sur un point : c'est qu'elle y déploie une rage qui est d'autant plus grande qu'elle est plus naturelle. *I moussoètent* (ils moussaient), nous disait un homme du pays, et rien de plus vrai ni de plus expressif. Les faits serviront ici de témoignage irrécusable.

Le lieutenant Spriet avait été assez heureux dans sa retraite pour ramener sa petite troupe intacte jusqu'à l'église, et sans qu'un seul de sss hommes eût été frappé, malgré le feu violent qui les poursuivait ; un pas encore, et tous allaient trouver un abri derrière les murailles et les monuments funèbres du cimetière : ce fut à ce moment que le garde Charles Carpentier fut frappé d'une balle au front et tomba comme foudroyé, la face contre terre. La mort avait été instantanée, et il était au moins inutile d'insulter à un cadavre. Un officier prussien pensa autrement, et ce ne fut pas sans indignation qu'on put voir cet homme un peu plus tard, quand le cimetière fut forcé, s'arrêter en passant devant le mort et lui traverser le cou de la pointe de son sabre. Etait-ce pour s'assurer que la mort était constante ? Il n'y avait plus de danger, et l'occasion était bonne de trouver à remplir la page de ce carnet méthodiquement disposé, où les Prussiens avaient pris l'habitude d'inscrire chaque jour le récit de leurs prouesses et de leur gloire. Il fallait bien, d'ailleurs, pour l'exemple, répandre un peu de sang français, fût-ce celui d'un homme tué : le soldat prussien imite volontiers ce qu'il voit faire à ses chefs, et ceux-ci ne perdent jamais une occasion d'entretenir en lui ce qu'ils appellent héroïquement l'instinct belliqueux. Aussi l'exemple porta-t-il immédiatement ses fruits, et c'est à l'ambulance que s'accomplit cet autre exploit raconté par les gazettes d'alors avec plus ou moins d'exactitude. Quant au récit que nous allons en faire, il a pour garants et le rapport du major des mobilisés Dransart, qui faillit être victime lui-même de l'instinct belliqueux des soudards prussiens, et le témoignage recueilli sur le lieu des habitants de la maison où l'événement se passa.

Cette maison est celle de M. François Moy, maréchal et cafetier à Longpré, au *Café français*. Placée près de l'église, à l'angle formé par les rues d'Airaines et des Cloîtres, elle avait été choisie pour servir d'ambulance, et les deux médecins des mobilisés s'y étaient installés dès le commencement de l'action, attendant que leurs services fussent réclamés. Le premier blessé ne tarda pas à leur arriver de la brasserie où se battait la 2ᵉ compagnie, qui se trouve un peu plus haut. Une balle prussienne l'avait frappé à la tête, et le capitaine Bident avait donné l'ordre de le conduire à l'ambulance. C'était un mobile de Richebourg, nommé Blondiau, et à peine arrivé, il fut l'objet d'un premier pansement rapide. La blessure ne paraissait pas grave ; la chair avait été entamée assez profondément sur le derrière de la tête, mais la plaie n'avait rien d'inquiétant. Assis sur une chaise devant un vaste poêle, ou plutôt une cuisinière bien chauffée, il se remettait à cette douce chaleur des fatigues et des émotions du combat. Il lui était si bon, après le péril auquel il venait d'échapper, de vivre encore ! si bon, par ce temps rude, de se sentir ranimé à cette température bienfaisante ! si bon surtout d'être entouré de soins bienveillants et de visages amis ! Il y avait là, avec les deux médecins, le maître de la maison, sa femme et sa fille, qui, bien que s'attendant à tout ce qui pourrait leur arriver à eux-mêmes, n'en mettaient pas moins ce qu'ils avaient à la disposition du premier blessé qui entrait sous leur toit.

L'entrée du café est sur la rue d'Airaines, et l'on pénètre de là par une porte à deux battants dans une assez vaste salle rectangulaire ; au bout de cette salle, à gauche, se trouve une cuisine dans laquelle donne accès une seconde porte à deux compartiments, qui s'ouvre en face du foyer. A gauche, en entrant dans cette cuisine, une porte et une fenêtre donnant sur la rue d'Airaines; à droite, une autre porte, communiquant avec une cour intérieure dont l'entrée est dans la rue des Cloîtres, en face de l'église; du même côté, touchant par son extrémité à la baie de cette porte, et le long du mur de la cour intérieure, un buffet qui va aboutir à un large placard au fond de la cuisine et à droite de la cheminée. Adossé à ce placard, était assis le mobile Blondiau, presqu'en face de la porte d'entrée, et se chauffant à la cuisinière qui remplit toute la largeur du foyer. En face de lui, de l'autre côté du foyer, se trouvaient debout les deux médecins de mobilisés, dont l'un, M. Dransart, de Somain, a publié sur cette affaire un rapport où il y a d'intéressants détails; une table était dressée entre eux, sur laquelle on avait étalé différents instruments de chirurgie et un rasoir qui venait de servir à couper les cheveux du blessé autour de la plaie qu'il avait à la tête. Le maître du café se tenait avec les médecins, prêt à les assister; mademoiselle Moy, une jeune fille de 17 à 18 ans, était accoudée sur le buffet, derrrière la chaise du mobile, et placée de manière à être parfaitement vue de quiconque se présenterait par la porte de la grande salle.

Personne ne concevait d'ailleurs la moindre inquiétude parmi eux. Des drapeaux d'ambulance entouraient la maison et flottaient dans les deux rues. Il y avait quelques minutes à peine qu'on avait fini de les accrocher, et l'ennemi ignorait d'autant moins qu'on était là sous la garde de la convention de Genève, qu'il avait tiré du haut de la rue sur l'homme, un ouvrier maréchal, qui attachait ces drapeaux.

Quatre fantassins pénètrent tout à coup dans le café ; ils traversent la salle et poussent violemment la porte qui s'ouvre dans la cuisine. A leur vue, le mobile Blondiau cède instinctivement à un sentiment de préservation ; il se recule vivement, en se levant à moitié, vers le fond de la pièce ; mais si rapide que soit le mouvement qu'il fait, il l'est moins encore que la balle de son assassin. Un de ces barbares décharge sur lui son fusil à bout portant, et le projectile, après avoir traversé de part en part la poitrine du malheureux blessé, va se loger dans le placard qui se trouve derrière, et sur la porte duquel on voit encore aujourd'hui la trace de son passage. « Jugez quel effet terrible cela me fit, disait mademoiselle Moy en nous faisant elle-même le récit de cet exécrable meurtre. Je me sauvai tout effarée dans la cour, entraînant avec moi le pauvre mobile qui avait jeté ses deux bras en avant et s'était cramponné à ma robe. Arrivé à la porte, sur la rue des Cloîtres, là il s'affaissa sur lui-même, et quand, remise un peu de ma frayeur, je revins pour lui porter secours, il avait eu la force, je ne sais comment, de se traîner vers la maison, et je le retrouvai à sa première place dans la cuisine. »

La scène qui avait suivi ce premier épisode, pour être moins sanglante, avait été bien près de tourner encore au meurtre. C'est en vain que les deux médecins, se couvrant de leur bras droit revêtu du brassard à la croix rouge, s'efforcent de se garantir eux-mêmes de la violence de ces furieux. « Ce n'est que par une adresse singulière, rapporte M. Dransart, que mon aide relève le canon d'un fusil dirigé sur lui, et la balle, passant au-dessus de son épaule, va frapper le plafond qu'elle troue ; moi-même je suis mis en joue par les autres, et j'étais infailliblement fusillé si je ne m'étais élancé sur eux en relevant leurs armes. L'un d'eux, furieux de n'avoir pu m'atteindre, me lança un violent coup de crosse qui déchira mes vêtements et me fit une blessure assez légère sur le côté droit du thorax. »

Echappés des mains de ces brutes, les deux médecins n'en sont pas moins faits prisonniers malgré leur brassard d'ambulanciers, et conduits à l'église devenue le dépôt des combattants tombés au pouvoir des Prussiens.

Le cafetier Moy, pendant toute cette scène, avait échappé aux coups et aux brutalités de ces pacifiques guerriers ; mais la place n'était guère plus tenable pour lui que pour les autres. Il s'élance résolûment à son tour, en relevant les fusils qui le menacent, et dans la brusquerie de son mouvement, désarme deux de ces allemands aussi lourdauds que méchants : puis, une fois dans la cour, il disparait pour une minute en se baissant derrière la monture d'un puits, et revenant aussitôt avec la même résolution, il leur demande ce qu'ils veulent ; il ajoute que la maison est ambulance, et que rien ne peut justifier leur cruauté inqualifiable à l'égard d'un blessé français. Leur première rage était passée. Ces quatre hommes le quittent pour voler au comptoir ce qu'ils pourront trouver. Ils mettent la main sur un litre d'absinthe et un litre de rhum qu'ils se partagent et, séance tenante, en avalent le contenu sans sourciller.

Le café se remplissait de soldats non moins avinés, quand un de leurs officiers paraît enfin pour mettre toute cette canaille à la raison. Il apprend du maître de la maison ce qui s'est passé ; il va délivrer lui-même les médecins et donne des ordres précis pour qu'on ait à respecter l'ambulance établie par les Français. Les blessés commençaient à arriver, et on les déposait partout où l'on pouvait, sur les tables accouplées deux par deux et recouvertes d'un matelas, sur le billard, sur la paille dont le sol était jonché. Il ne s'y rencontra pas un seul prussien : l'ordre était parmi eux d'enlever les morts et les blessés, d'abord parce qu'on ne voulait point en laisser connaître le nombre, ensuite parceque, l'expédition une fois faite, le village devait être immédiatement évacué par tous, valides ou invalides.

Cependant les médecins, à leur retour, n'avaient plus trouvé que désordre dans tous leurs appareils de pansement : « Mes instruments, dit encore M. Dransart, gisaient pêle-mêle dans la maison ; quelques-uns avaient disparu, entre autres le rasoir dont la beauté avait tenté ces pillards ; ma valise qui contenait deux livres, divers médicaments dont je m'étais fourni à Abbeville, et 400 fr. en or avaient été pareillement volés. C'est dans une pareille situation, privé des choses les plus nécessaires, et souffrant moi-même du coup que j'avais reçu au point de ne pouvoir presque exécuter le moindre mouvement, que je dus, en proie aux plus vives douleurs, me mettre à l'œuvre avec mon aide. »

Parmi les blessés, quelques-uns l'étaient mortellement. Après le combat, quand sa rage devait être calmée et qu'il eût dû être ramené à des sentiments plus humains par ce spectacle douloureux, le Prussien trouve moyen quand même de se signaler par un nouvel exploit : « Il y avait là, raconte M. Moy, près de la porte, un mobile qui allait mourir : c'était un beau et fort jeune homme dont une balle avait troué la poitrine : ses chaussures tentèrent l'avidité de ces sauvages, et ils les lui enlevèrent avant même qu'il fût mort. Ce n'est point une belle race. »

Deux gardes de la 7e compagnie venaient

encore d'être égorgés de la manière la plus atroce. Tous les deux étaient blessés et s'étaient traînés sous un hangar bâti à l'extrémité de la rue Neuve, au pied de ce rideau où le capitaine Spriet avait posté ses tirailleurs. Le combat était fini, et la retraite se faisait vers le chemin de fer. Des cris déchirants se font entendre soudain de ce hangar et parviennent jusqu'aux oreilles des habitants de la rue Saint-Martin, dont l'extrémité vers les champs se trouve à quelques centaines de mètres plus bas : les Prussiens avaient découvert les deux blessés qui se dérobaient derrière un bateau remisé sous cet abri, et les massacraient sans pitié. Le mot picard employé par l'homme qui nous racontait ce crime est terrible d'expression. C'étaient deux amis intimes, et presque du même village. On les retrouva étroitement unis dans un embrassement suprême, ayant conservé dans la mort l'attitude qu'ils avaient prise en cherchant à se protéger l'un l'autre.

Les gens de Longpré n'échappèrent pas à cette fureur assassine. Une femme elle-même paya de la vie le courage qu'elle montra en ce jour. Elle s'appelait Clémentine Miannay,

Les Prussiens, en fouillant le village, voulaient forcer son mari à les conduire dans le grenier de sa maison, où ils prétendaient surprendre des mobiles cachés; comme cet homme faisait quelque difficulté ou ne se hâtait pas au gré de leurs désirs, ils le saisissent par le bras en le menaçant. Sa femme s'arme soudain d'une fourche pour le défendre et court sus à ces furieux: l'un d'eux la tue raide d'un coup de fusil à bout portant.

Le berger Constant Dulin, égaré dans la rue pendant le combat, veut rentrer chez lui pour éviter la bagarre; on l'empêche de passer, et comme il a l'air de ne tenir aucun compte de cette résistance, on l'assassine sans autre forme de procès.

Jean Pilvoix est délogé d'un grenier où il se cachait, et frappé à mort; son cadavre reste étendu dans la neige jusqu'à 7 heures du soir au bas de la rue Martin-Saillant.

Le meurtre du boulanger Abhille Gabry est plus odieux encore, s'il est possible. Il était à faire son pain, quand les Prussiens pénétrent dans sa maison par les jardins. Cette maison se trouve au-dessus du *Café français* dans la rue des Cloîtres. Ils l'emmènent de force, et à peine a-t-il fait quelques pas dehors qu'ils le tuent à coups de fusil. Atteint de trois balles, l'infortuné jeune homme (il avait 23 ans) va tomber en gémissant à la porte du *Café français*. Il mourut après quelques jours.

Un malheureux homme, Jean-Baptiste Moy, est encore atteint pendant qu'il cherche à se dérober à la fureur des combattants ; il a la cuisse brisée d'un coup de feu, et n'en est point mort ; mais il n'a pu quitter son lit depuis ce jour fatal.

Après tous ces meurtres, l'officier qui avait besoin d'interposer son autorité pour que ses soldats respectassent enfin l'ambulance, pouvait bien recommander aux médecins, comme il le fit en effet, de donner tous leurs soins aux blessés ; il était déjà trop tard pour qu'il ne restât pas des traces lamentables de l'inhumanité prussienne. La nature avait été plus forte d'abord, nature grossière et sanguinaire ; quand ils s'efforcent ensuite de faire parade de leurs sentiments de modération, on sait désormais à quoi s'en tenir sur ces apparences : mensonge et hypocrisie ! Tous ces succès d'ailleurs ont dépendu de là, du mensonge, de l'hypocrisie et de la brutalité : la force prime le droit.

Et ces gens-là s'indignent aujourd'hui que trente-six millions de Français les haïssent du plus profond de leurs cœurs ! Et ils prétendent nous dénoncer à l'indignation et au mépris de l'univers, comme un peuple en décadence, parce que nous ne savons ni ne voulons déguiser ces pensées de haine ; parce que, quand ils affirment — et ils mentent — qu'ils ont fait la paix de bonne foi, nous ne prenons pas la peine de cacher nos désirs de vengeance : ce qui leur permet de comparer la conscience et l'honnêteté allemandes à la conscience et à l'honnêteté françaises, pour conclure que nous sommes une nation désormais sans foi ni loi. Ce qui est grotesque, ce qui est odieux, ce qui prouve de nouveau ou bien que ces Allemands sont des fourbes consommés, ou bien qu'ils ont un irrémédiable travers d'esprit, ne voyant pas, ne comprenant pas ce qui crève les yeux des moins clairvoyants, à savoir qu'un pays, sous peine d'être la risée du monde entier, sous peine d'être sans cœur et sans vie, après avoir été pillé, incendié, égorgé, accablé de ces conditions d'une paix que l'on connaît, ne peut que haïr, et toujours haïr les voleurs, les incendiaires, les égorgeurs qui l'ont martyrisé pendant six mois, qui continuent de martyriser six de ses départements encore occupés. Car alors la haine est la condition de l'existence ; la haine est une nécessité ; c'est un devoir, parce qu'elle est la haine du mal.

Oui, nous tiendrons ce que nous avons promis ; oui, nous paierons ces rapaces qui se damneraient pour un liard ; oui, mais pour gagner du temps, le temps de refaire une France morale, une France intellectuelle, une France militaire, qui reprenne son rang dans le monde pour le triomphe du droit et de la vérité, de la justice et de l'humanité : car voilà ce que la France a pour mission de représenter et de défendre parmi les peuples ; et c'est le bien, en un mot, le bien qui ne peut périr, parce qu'il est éternel. Ce sera là définitivement la grande et décisive victoire sur la Prusse, que nous ne serons jamais si sûrs de remporter qu'après être devenus meilleurs et plus vertueux.

Un pacifique habitant de la rue de la Station faillit encore être la victime des soudards prussiens. Ils pénètrent dans sa maison comme des furieux, sous prétexte qu'un coup de fusil a été tiré de là sur un de leurs officiers qui paradait à cheval dans la rue, et quatre baïonnettes menacent soudain sa poitrine. C'est à force de sang-froid et en relevant vivement les armes dont il allait être frappé, qu'il échappa à leurs coups. Ils s'en vengèrent en mettant la maison au pillage et en enlevant tout ce qui fut à leur convenance. C'est ainsi qu'ils prirent des vêtements dans une armoire, au bas de laquelle avait été déposé un sac contenant une forte somme d'argent : ils n'en virent rien heureusement, et s'abstinrent par ignorance d'un vol que la délicatesse ne les eût point empêchés de commettre.

On répète couramment dans le pays qu'une heure de pillage avait été octroyée par les chefs à leurs troupes. Rien de plus vraisemblable, quand on sait que les princes allemands, lorsqu'ils n'opéraient pas eux-mêmes, donnaient l'ordre à leurs officiers de « pincer » tout ce qu'ils pourraient. On conservera pour la postérité les paroles authentiques qu'un prince de Waldeck adressait à l'un de ses suivants : « Meyer, rendez-moi le plus grand service que je puisse vous demander :

prenez et volez tout ce que vous pourrez. Il faut que ce peuple sache ce que lui coûte une guerre avec nous. »

A Longpré, comme partout ailleurs, les princes de Waldeck et consorts se montrèrent fort amateurs d'horlogerie, et vu la difficulté d'emporter les pendules dans une expédition aussi rapide, ils se rejetèrent sur les montres, sans regarder d'ailleurs ni à la qualité ni à la valeur ; c'est ainsi qu'au château ils en décrochèrent une assez vieille, qui valait plus par le souvenir que par le prix du travail et de la matière. Ils firent main basse encore ailleurs sur toutes celles qu'on n'eut pas le temps ou qu'on ne se mit pas en peine de dérober à leur amour du tic-tac et de la verroterie. Les caves furent aussi largement mises à contribution. Ces Tudesques boivent et mangent comme des pandours, et la campagne de France a dû être faite en partie afin d'apaiser leur soif et de rassasier leur faim.

« A leur départ, nous disait encore M. François Moy, tout en défilant là dans la rue, le long du cimetière, ils jetaient contre les murs, pour les briser en mille pièces, les bouteilles vides ou pleines dont ils étaient chargés. En même temps ils chantaient à tue-tête. Pour moi, j'eus l'heureuse chance que ma cave échappa à leur amour du vin : ils ne me prirent que des bouteilles de bière. » C'est une méprise qui dut les rendre furieux.

Le moment qui suivit leur invasion dans le centre du village, fut marqué par un tumulte indescriptible. La résistance principale avait cessé ; le cimetière était vide de ses derniers défenseurs ; les ennemis arrivaient de tous les côtés à la fois, hurlant, s'agitant, déchargeant leurs armes au hasard, et se précipitant surtout comme une avalanche vers la mairie qui est à quelques pas de l'église. Ils ne tardent pas à en sortir avec toutes les démonstrations de la joie la plus touchante, s'empressant autour de trois drapeaux, prix de la victoire. L'un était le drapeau de la mairie, l'autre celui des pompiers, et le troisième, une bannière d'ambulance ou d'une compagnie d'archers. On se rappelle encore que le colonel Pestel annonça ce grand exploit et la conquête de ces trophées par une dépêche qui dut faire tressaillir l'Allemagne. Ce serait drôle, en vérité, si ce n'était si triste (1).

(1) Cette dépêche était ainsi conçue :
« Albert, 30 décembre.
» Officiel. — Le 28, le colonel Pestel, des uhlans, avec

La résistance principale avait donc cessé ; mais il est juste de rapporter au sous-lieutenant François, de la 7ᵉ compagnie, l'honneur qu'il mérite pour sa conduite à la fin de ce jour. La lutte était engagée quand il revint de la reconnaissance poussée vers Hangest, et dans l'incertitude des événements et du parti à prendre, il s'agissait de s'arrêter à la résolution la plus profitable. La 1ʳᵉ compagnie et la réserve de la 2ᵉ avaient pris position à quelque distance sur la route d'Abbeville pour arrêter la poursuite de l'ennemi et couvrir la retraite probable ; les mobilisés Saphore gardaient toujours le chemin de fer en amont sur Condé-Folie et ne tardèrent pas, du reste, à redescendre vers Abbeville; les mobilisés Broutin s'étaient partagés en deux fractions, et pendant que les uns, sous la conduite de leurs officiers, descendaient dans le village pour prendre part au combat, les autres avaient repris hâtivement le chemin de la station d'où ils ne furent pas longtemps à poursuivre leur retraite vers Abbeville : M. François jugea nécessaire de garder la

une colonne volante de trois compagnies et trois escadrons, a battu, près de Longpré, trois bataillons de gardes mobiles ; il leur a pris trois drapeaux, dix officiers et 230 hommes. De notre côté, il y a eu six hommes blessés. »

position qu'on abandonnait, et songeant avec raison qu'en cas de défaite tout ce qui pourrait échapper aux balles et à la poursuite de l'ennemi, chercherait un refuge et un secours de son côté, il résolut de défendre les abords de la gare jusqu'au dernier moment. Les masses prussiennes couvraient les hauteurs en face, et pour être tenues en échec (par la 7e compagnie), elles n'en paraissaient pas moins gagner sensiblement du terrain; il s'établit donc dans les haies qui bordent la droite de la voie, au passage à niveau menant de la rue de la Station dans la vallée de la Somme, et là il attend que l'événement se décide.

Quatre ou cinq hommes du détachement Renard et Spriet, qui n'étaient point entrés dans l'enclos du cimetière avec le reste de la troupe, arrivent les premiers au chemin de fer pour se rallier à la réserve; ils sont bientôt suivis par les gardes du capitaine Spriet que les ennemis du reste ne poursuivaient que d'assez loin. Ceux-ci cependant ne tardent guère à se présenter en nombre par la rue de la Station et se dirigent, sans souci de leur prudence ordinaire, vers la gare qu'ils considèrent comme absolument abandonnée: une fusillade brutale les arrête soudain et les force à se disperser dans les maisons d'alentour des deux côtés de la rue. Alors c'est une nouvelle lutte à soutenir, à la faveur de laquelle les fuyards peuvent se rallier et mettre quelque ordre dans leur retraite.

Le lieutenant Renard s'était séparé du lieutenant Spriet aux environs de l'église, et avait poussé jusqu'à la gare, dans l'espérance d'en ramener quelque renfort au secours de son camarade ; elle était abandonnée déjà de presque tous ses défenseurs, et dans l'impossibilité où il est de rien faire de plus, il essaie de réunir autour de lui les mobiles échappés du village, et dont l'unique soin n'est plus que de gagner toute l'avance possible sur ceux qui les poursuivent. Parmi ces hommes cependant, quelques-uns ont encore la force d'engager un autre combat en se mêlant à la troupe de M. François, et tous à l'envi luttent de courage et d'habileté contre l'ennemi qui tente de les déloger. « Le sous-lieutenant François, raconte M. Dumont, chef de station à Longpré, déploya à cette heure une fermeté rare et non moins d'adresse. On le voyait ramper là avec ses hommes, se couvrant de tous les abris qui les dérobaient aux coups des assaillants, et dirigeant contre eux une fusillade qui les maintint jusqu'au bout à distance ; ce fut à peu près quand il voulut et comme il voulut, qu'il se décida enfin à s'éloigner, et il ne fut guère inquiété dans sa retraite. J'ai beaucoup admiré sa bravoure et son sang-froid. »

Un autre fait est raconté, qui serait un témoignage aussi précieux en sa faveur. Le capitaine de mobilisés D..., du bataillon Saphore, suivi d'un caporal et de quelques hommes déterminés, s'était avancé en reconnaissance sur la rive gauche de la Somme, dans l'intention de voir de plus près quelques uhlans qu'on voyait caracoler au loin. Après différents incidents, il retournait à la fin du jour vers Abbeville et traversait l'extrémité de Longpré, en suivant la route qui longe le chemin de fer. Le village était encore occupé par quelques détachements ennemis : *Ver da?* s'écrie tout à coup une sentinelle, et elle fait mine de tirer sur le groupe suspect : prestement un mobilisé met en joue le curieux qui se jette dans une maison voisine, et tous passent, mais non sans remarquer les corps noirs de plusieurs prussiens couchés sur le blanc linceul de la neige. On n'avait pas encore enlevé les morts qu'avait faits le sous-lieutenant François.

C'est un peu après son départ que la station fut envahie par une portion de la seconde colonne qui s'avançait d'Hangest le long de la Somme. Cette troupe avait craint de rencontrer des difficultés trop grandes en abordant la position de front, et s'aventurant sur les glaces qui couvraient les marais et les entailles de la vallée, elle arrivait enfin, après un long et difficile détour, et par une route que nul n'aurait cru praticable, pour prendre sa part de l'expédition. Elle menaçait la gauche du sous-lieutenant François qu'elle allait prendre en flanc, et cette raison avait pu le décider encore à la retraite. Ce ne fut pas toutefois sans avoir laissé quelques-uns des siens sur ce chemin semé de périls, que cette troupe finit par arriver au but de ses efforts. Quinze hommes de la 7e compagnie étaient postés, on s'en souvient, dans un moulin sur le cours de l'Airaines, à deux ou trois cents mètres de la station : c'est le moulin Piolé, du nom de son propriétaire. Les Prussiens qui s'avancent en droite ligne pour traverser la rivière sur le pont établi en cet endroit, sont accueillis par un feu roulant devant lequel ils s'arrêtent d'abord interdits et troublés ; mais ils n'ont plus, pour sortir du mauvais pas où ils se sont engagés, que la route ouverte devant eux, et, dans cette nécessité, l'hésitation ne leur est pas permise. Ils se jettent résolument en avant et s'emparent du moulin à l'abordage.

Il était vide de ses défenseurs, ou plutôt ceux-ci avaient disparu sans laisser nulle trace de leur passage. L'ennemi les crut en fuite et continua sa route sans les rechercher davantage. On raconte que le meunier, un habile homme et un adroit tireur aussi, les aurait cachés dans les profondeurs du blutoir et qu'il était convenu, si les Prussiens eussent éventé la muche, de leur cracher de la farine et des balles à la figure.

Mais ceux-ci étaient pressés d'en finir. A peine arrivés à la station, ils la quittèrent au bout d'un temps fort court pour reprendre la route d'Hangest. Une remarque qui n'est pas sans intérêt trouve ici sa place : c'est que les Prussiens, durant toute cette journée, eurent l'air de craindre soit un piége avant et pendant le combat, soit une surprise après la

victoire ; et ceci, en expliquant la lenteur et
la circonspection dont ils usèrent au début
de l'attaque et qui permirent aux nôtres
de soutenir cette lutte opiniâtre, fera comprendre aussi la hâte qu'ils eurent de quitter
Longpré presqu'immédiatement après la bataille. Ils ne laissèrent derrière eux que quelques détachements pour enterrer les morts et
servir d'avant-garde contre la place d'Abbeville, dont on redoutait toujours une diversion soudaine.

Il était environ quatre heures de l'après-
midi, et le jour n'allait pas tarder à baisser.
L'ordre de départ est donné au centre, et les
prisonniers qu'on avait faits sont alignés en
colonne aux environs du cimetière. Ils se
composaient d'abord des quelques mobilisés
pris au château dès le début de l'action, et de
ceux qui furent pris un peu plus tard, après
être descendus dans le village des hauteurs
où ils s'étaient établis au commencement de
la journée. Il y en avait environ cent cinquante.
Le sous-lieutenant Crépin était là aussi avec
ses mobiles que des forces vingt fois supé-

rieures en nombre n'avaient pas tardé à enlever dans la maison où ils s'étaient établis au bout de la rue d'Airaines. Il y avait enfin vingt-deux habitants de Longpré que les Prussiens irrités menaçaient de fusiller comme ayant pris part à la lutte et tiré sur eux. C'était pour ces pauvres gens une situation extrèmement grave. Il n'avait pu échapper à l'ennemi qu'un certain nombre de paysans avaient courageusement fait le coup de feu contre lui ; de là l'ordre donné de ramasser et dans les rues et dans l'intérieur des habitations tout ce qui paraîtrait suspect. La mesure fut exécutée au hasard, et on promettait à ces vingt-deux hommes, acteurs ou non acteurs dans le drame qui venait de finir, de leur faire payer la rançon pour tous. Aucun cependant n'avait été surpris les armes à la main. La plupart n'avaient contribué en rien à la défense. Les vrais combattants se donnaient bien de garde de se laisser prendre ; ils s'étaient dérobés avec d'autant plus de soin qu'ils avaient plus à craindre. On n'aurait pu d'ailleurs les atteindre si facilement.

Les prisonniers étaient tous enfermés dans l'église, dont les portes avaient été enfoncées, en attendant le départ. Le colonel

Pestel avait décidé qu'on irait coucher à Airaines, qui lui offrait plus de ressources, et qu'ils seraient de là conduits à Amiens, où on les mettrait en chemin de fer pour l'Allemagne. En ne suivant pas la route directe par la vallée de Somme, il voulait encore éviter une surprise possible de la garnison d'Abbeville attirée sur ses traces ; la chose était tout à fait improbable, mais, en temps de guerre, il faut se tenir en garde même contre l'impossible.

Cependant les cinquante-quatre hommes de la 2e compagnie et le détachement du lieutenant Spriet étaient toujours enfermés dans la sacristie, attendant avec une impatience facile à concevoir ce qui pourrait bien advenir d'eux. Les Prussiens remplissaient les rues voisines ; quelques-uns avaient été vus rôdant dans le cimetière ; ce n'étaient qu'allées et venues dans l'église elle-même remplie de soldats et de prisonniers : pas un n'avait encore eu l'idée de savoir ce que toute cette troupe qui leur avait résisté si obstinément était devenue. Ils la croyaient en fuite. — « De l'endroit où nous étions, écrit le capitaine Bident, nous vîmes s'avancer la colonne des mobilisés qui s'étaient rendus, ainsi que mon sous-lieutenant et ses hommes, qui avaient tenu jusqu'au dernier moment au poste que je leur avais assigné ; l'ennemi les dirigea sur l'église où il les enferma, sans se douter seulement qu'une simple porte nous séparait. Il paraissait nous avoir complètement oubliés ; ce que voyant, je fis coucher mes compagnons, et nous nous dissimulâmes aussi bien que possible. L'idée me vint aussi de tenter un coup d'audace contre les Allemands par une agression soudaine ; mais le moyen, étant obligés de sortir un à un par une porte à moitié effondrée, de n'être pas découverts tout d'abord et de ne pas se faire fusiller à bout portant sans profit ! De l'endroit où j'étais, je pus donc voir les troupes allemandes, prêtes à partir, ranger les nôtres en colonne et se mettre en marche avec les deux ou trois drapeaux qu'elles avaient si effrontément conquis. Quelques minutes encore, et nous en étions quittes, quand tout à coup un sous-officier ivre, égaré dans le cimetière, trouvant étrange, en passant devant la sacristie, que la porte en fût démolie, cherche à se rendre compte de ce fait, et se met à crier à notre vue : « Chassepot ! chassepot ! » L'imbécile ! Les siens accourent à ce hurlement d'alarme, et vingt canons de fusil sont braqués contre nous. Nous allions être criblés de balles à bout portant. Je m'élance par l'ouverture de la porte et..... contre la force pas de résistance. Je suis désarmé, on brise nos fusils, et l'on nous aligne à la suite de la colonne. Von Pestel vint nous saluer d'un ton goguenard : « Bonjour, messieurs, bonjour ! » Ce n'est pas un beau métier que d'être vaincus. »

Le lieutenant Spriet se fit rudoyer en refusant de se laisser désarmer. Il traita assez durement l'officier qui lui ordonnait de rendre son sabre, mais ne gagna à cette résistance que quelques bousculades fort dextrement pratiquées par ces mains tudesques. Cela ne l'empêcha point de tancer aussi superbement un autre prussien qui demandait à un mobile s'il n'y avait pas encore des nôtres cachés dans le clocher. Mais ce sont là de ces délicatesses qu'on ne connaît point de l'autre côté du Rhin.

Le retour vers Airaines s'effectuait encore par les hauteurs de la rive gauche, quoique le chemin direct soit par la vallée et que le trajet eût été plus facile par la route qui longe le bas du versant : toujours la prudence prussienne, pour ne conduire les prisonniers que par des terrains parfaitement découverts. Or, au-dessus du château et dans les premiers champs au sortir du village, l'ordre est donné tout à coup de faire aligner les gens de Longpré sur un seul rang, et qu'une compagnie prenne position en face d'eux, prête à faire feu au signal donné. De là on découvre le pays tout entier, la vallée de la Somme et la vallée de l'Airaines ; chaque maison, qu'on domine de la hauteur ; chaque rue, qui court parallèle à la rivière ou gravit la rampe de l'un ou l'autre côté ; et, au cœur du village, l'église avec son clocher en pierre, comme un phare pour tout ce qui l'entoure, une espérance, un souvenir déjà noyé dans la brume du soir : l'endroit était bien choisi. Etait-ce volonté réelle de les fusiller ? était-ce un vain simulacre ? « Je me couvris la figure de mon mouchoir et de mes deux mains, raconte un des patients de ce jeu cruel, et j'attendis. Ce n'était pas gai, et on ne disait pas trop grand'chose : mais, voyons, que voulez-vous faire ? » Que faire, en effet ? Cette résignation est sublime. Un second ordre vint de se remettre en marche.

Il n'y avait déjà que trop de victimes, et l'ennemi trouva le moyen d'ajouter encore à leur nombre, même après son départ. A Longpré, comme en bien d'autres lieux, la seule présence des Prussiens aggrava ou détermina des maladies qui furent mortelles pour quelques-uns. Il faut en accuser surtout leur grossièreté. On raconte qu'en fouillant pendant le combat la maison où l'on avait déposé le mobile Debonte, atteint la veille d'une balle à l'Etoile, ils arrachèrent violemment les couvertures du lit où râlait le malheureux blessé qui expira un moment après. Ils forcèrent encore dans une autre maison la chambre fermée où l'on voulait ravir à leur curiosité stupide une jeune femme malade de la variole, et la traitèrent avec la même sauvagerie : la mort acheva bientôt leur œuvre.

Enfin ils étaient partis. Des gens de bonne volonté recueillirent les morts qu'on déposa dans un corps-de-garde attenant à la mairie, pendant que d'autres transportaient les blessés à l'ambulance. Rien de triste, rien de lugubre comme ces allées et venues à l'entrée de la nuit ; le froid était vif, la neige blanchissait le sol et les toits ; un profond silence avait succédé au pétillement de la fusillade et aux clameurs ennemies ; à peine encore un ou deux passants dans les rues, qui s'aventuraient de loin en loin à aller quérir quelques informations : dans cette solitude et ce silence, au milieu de cette demi-obscurité et sur un terrain où la neige épaisse assourdissait le bruit des pas, il y avait quelque chose d'étrange et de fantastique à voir passer ces cortéges isolés de morts et de mourants. On transportait sur une brouette un mobilisé à qui le froid peut-être et surtout une horrible blessure à la tête avaient fait perdre le sentiment ; il sort de sa léthargie au cahotement qu'il éprouve, et jetant ses bras en avant par un mouvement mécanique, il saisit violemment l'homme qui le soutenait : on eut beaucoup de peine à desserrer ses doigts crispés et à lui faire lâcher prise.

Deux scènes touchantes, de cette triste soirée, méritent d'être rapportées en quelques mots. M. le curé de Longpré s'empressait de porter aux mourants les secours de son ministère. Le mobile Dufour, qu'une balle avait frappé au ventre dans le haut de la rue

Neuve, fut l'un des premiers l'objet de ses soins. Il souffrait beaucoup, tout en conservant sa pleine connaissance : « Ah! monsieur le curé, lui disait-il, ne pourriez-vous me soulager? Tenez, la balle est là, vous l'auriez facilement ; mon Dieu, que je souffre ! » Cruel moment où tous les secours deviennent inutiles ! La blessure était mortelle, et la mort mit bientôt un terme à tant de souffrances.

Le garde Blondiau donna un de ces exemples d'héroïsme qu'un français seul est capable d'accomplir. Répondant aux sentiments religieux qui lui étaient inspirés, il déclara à haute voix qu'il pardonnait sans réserve au brutal assassin qui l'avait frappé : « Il sera la cause de ma mort, dit-il, car je sais qu'il n'y a plus longtemps à vivre pour moi : je suis atteint mortellement. Mais ici, en présence de tous ceux qui m'entourent, je déclare que je lui pardonne de tout mon cœur; et qu'il soit fait de moi ce que Dieu voudra ! » La salle était pleine de monde, vingt ou trente personnes peut-être, qui tombèrent à genoux en entendant ces paroles du glorieux martyr de la patrie ; plusieurs éclatèrent en sanglots. Un peuple qui produit de tels hommes et qui inspire de tels sentiments, est-ce un peuple condamné sans appel? Ou bien alors, c'est l'humanité elle-même qui périt et rapidement descend tout entière vers la tombe éternelle.

Le capitaine Spriet, après la chûte terrible qu'il avait faite, ayant une jambe brisée, et incapable de se traîner même au prix de mille efforts, avait ordonné à ses hommes de l'abandonner et de continuer leur retraite vers la station pour se rallier à la réserve ; mais ceux-ci ne pouvaient ainsi délaisser leur capitaine, et quatre d'entre eux se mettent en peine de le transporter dans une des maisons de la rue Saint-Martin, derrière lesquelles ce douloureux accident venait d'arriver. Presque toutes étaient fermées ; mais le bonheur voulut qu'une femme se trouva là dans son jardin, spectatrice des derniers incidents de la lutte et désireuse de rendre quelque service à nos mobiles pressés par l'ennemi dans leur retraite. Déjà quelques-uns d'entre eux, qu'attiraient ses gestes et ses cris, avaient traversé sa maison en droite ligne, se trouvant ainsi sans détour à l'extrémité inférieure de la rue Saint-Martin, et n'ayant plus que quelques pas à faire pour arriver jusqu'au chemin de fer, à peu près à l'abri des balles prussiennes. Elle aperçoit dans la foule un blessé que soutiennent quatre de ses camarades, et le prenant pour un simple garde : « Vite, vite, s'écrie-t-elle, portez-le dans la maison ; il y a un lit prêt à le recevoir. » Elle était animée d'une résolution singulière, et le blessé se trouva couché en un tour de main dans une chambre close où il devait trouver un peu de repos dans sa souffrance et un asile contre les Prussiens. On jette sur lui tout ce qu'on trouve de vieux habits, un pantalon recouvert d'une épaise couche de matières grasses — le maître de la maison est batteur d'huile (1), — et une paire de galoches est déposée au pied de son lit ; on résout aussi de le faire passer pour un parent, un frère malade. Le sabre et la tunique avaient été cachés en lieu sûr, les bottes enlevées par incision : les Prussiens heureusement ne vinrent pas fouiller la maison, et c'était bien le meilleur et le plus sûr parti qu'ils pussent prendre pour tout le monde.

Quelques heures se passèrent ainsi. La

(1) De son nom Arthur Miannay ; sa femme s'appelle Aline Mansion.

fusillade avait cessé, et le péril paraissait loin. M. Spriet avait eu une grande consolation ; son ordonnance recueilli avec lui-même dans cette maison avait pu changer d'habits, et redevenu paysan, il était méconnaissable. Après s'être tenu caché un certain temps par prudence, il venait de se remettre aux ordres de son capitaine, et celui-ci se sentait plus assuré avec ce fidèle compagnon dans la position pénible où il était. Mais une inquiétude mortelle le mordait au cœur : son frère, qu'était devenu son frère ? Il est tout entier à cette pensée qui l'obsède et l'accable ; son mal, il ne le sent point et n'en prend nul souci : c'est son frère seul auquel il songe, son frère qu'il demande et pour lequel il verse des larmes brûlantes. Alors il faut que la maîtresse de la maison, accompagnée de l'ordonnance, aille à la découverte dans le village pour calmer une telle inquiétude. Son mari garde la maison pendant son absence. La nuit était venue ; armée d'une lanterne, elle se dirige vers l'ambulance où il n'y a nulle trace du lieutenant Spriet. De là, à la mairie, à quelques pas, où les morts gisaient alignés, la figure recouverte d'un linceul ; son compagnon reste comme atterré à cette triste vue de ses camarades roidis par la mort : il faut qu'elle soulève elle-même le drap funèbre et éclaire d'un jet de lumière la figure de chaque cadavre. Cette femme montra un grand courage et un grand dévouement dans cette journée. Paul Spriet n'était pas encore là.

Un peu rassuré par ces nouvelles, le capitaine Spriet veut retourner à Abbeville la nuit même. Il était huit heures du soir ; on trouve un cheval et une charette dans laquelle il se couche sur un matelas, enveloppé de converlures, et l'on part au hasard de la nuit. Deux uhlans passaient à bride abattue devant la maison de ses hôtes, au moment même qu'on allait le déposer dans la voiture ; ils ne s'arrêtèrent point dans leur course. Ce fut la seule rencontre suspecte qu'on fit jusqu'à Abbeville où l'on arrivait après minuit.

Le lieutenant Renard l'avait précédé de quelques heures avec les débris de la compagnie et tout ce qui s'était rallié à lui de fuyards sur la route. Le sous-lieutenant François était retourné à Ailly-le-Haut-Clocher. Le lendemain, un convoi de cinq voitures arrivait de Longpré, ramenant les blessés avec tout ce qu'on avait pu recueillir de la défaite de la veille : le garde Blondiau se trouvait parmi eux ; mais il mourut dans la journée, ayant au moins la suprême consolation de ne voir autour de sa couche funèbre que des compagnons et des amis. Huit morts avaient été laissés à Longpré, auxquels les habitants rendirent le lendemain, en même temps qu'aux leurs, les derniers honneurs et les derniers devoirs. Il y avait douze à quinze blessés, dont plusieurs succombèrent bientôt eux-mêmes : la journée avait été sanglante. Le commandant de Peretti avait le cœur navré. Inspiré la veille par un douloureux pressentiment, il avait demandé à la Place qu'on lui permît d'aller rejoindre ce qu'il avait de mobiles à Longpré ; « Il y a déjà deux commandants à Longpré, lui fut-il répondu : un troisième n'a rien à y faire. »

Le capitaine Spriet partit à dix heures du matin par le chemin de fer, pour retourner dans sa famille à Lens, où il n'arrivait que le lendemain après un pénible voyage par Boulogne et Calais et une nuit passée sur un matelas à la gare d'Hazebrouck. Sa guérison fut assez rapide pour lui permettre d'aller retrouver, avant la conclusion définitive de la paix, son bataillon cantonné aux environs d'Hesdin. Comme il ne marchait encore qu'avec une grande fatigue, il s'équipa d'un cheval à ses frais, disposé à recommencer la campagne, si la guerre continuait. Au mois de novembre dernier, une distinction flatteuse venait le surprendre, au moment qu'il y songeait le moins : il recevait la croix de chevalier de la Légion-d'Honneur. C'était une récompense justement décernée à l'intelligence et à la valeur dont il avait donné les preuves dans toute la campagne; c'était encore un nouveau témoignage rendu en sa personne au dévouement et à l'énergie déployés pendant la guerre par le 4e bataillon des mobiles du Pas-de-Calais. Car ce sont là les termes mêmes dont se servait le général commandant la 6e brigade de l'armée du Nord, M. Baboin, dans une lettre d'adieu adressée à M. de Peretti della Rocca, et qui restera pour le bataillon tout entier comme un titre d'honneur. Voici comme se terminait cette lettre : « Recevez, mon cher commandant, pour vous et vos officiers, qui formiez le seul élément solide et dévoué de la brigade, les compliments sincères et empressés de votre tout dévoué. » Signé : Baboin.

Aussi les Prussiens furent-ils désagréablement surpris d'avoir à combattre à Longpré deux compagnies de ce bataillon solide : « Vos mobiles sont des enfants, disait le soir à Airaines le colonel Pestel à quelqu'un qui l'entretenait du combat, et nous ne voulions leur faire aucun mal; mais ils nous ont forcés par leur résistance à les attaquer vigoureusement et à leur tuer quelques hommes. Nous n'avons eu, pour nous, que cinq ou six blessés. » C'était la première édition de la dépêche d'Albert; elle n'a rien de plus véridique.

Quelle a été au fond la perte éprouvée par les Prussiens dans cette affaire du 28 décembre à Longpré? On n'en sait rien, et il sera bien difficile de le savoir jamais. Le soin avec lequel ils enlèvent leurs morts et leurs blessés, et s'efforcent encore d'en dérober le nombre à l'ennemi, ressortira des deux faits suivants. « Avez-vous vu des morts prussiens, demandions-nous à un homme du pays? — Cela nous était bien difficile, répondait-il, enfermés que nous étions dans nos caves ou nos greniers ; mais cependant je puis affirmer un fait que j'ai vu de mes propres yeux. L'un d'eux avait été frappé à mort dans la rue du Château, il était tué peut-être ; deux ou trois de ses camarades l'emportèrent sur un canon de fusil, en le soulevant et en le soutenant, de manière à faire croire qu'il était à peine blessé ; et pour donner plus de vraisemblance à leur supercherie, ils lui avaient planté un cigare dans les dents. »

Un de leurs officiers fut atteint dans la rue Martin-Saillant d'un coup de feu auquel il ne survécut guère. Il était à cheval. Un soldat s'élança en croupe derrière lui pour le soutenir et l'entraîner hors du combat. Où l'enterra-t-on ? où enterra-t-on les autres ? Mystère. Mais tout le monde sait que, trois jours après, un major venait battre le pays pour retrouver les traces de cet officier au sort duquel il avait sans doute des raisons particulières de s'intéresser.

Le soin même avec lequel les Prussiens se sont efforcés de dérober leurs morts et leurs blessés, tout en démontrant qu'ils ont fait des pertes, ne prouve-t-il pas aussi que ces pertes ont été sérieuses ? Le témoignage des gens de Longpré ne peut être douteux, et ils ont acheté assez cher, en s'exposant comme ils l'ont fait, le droit d'être crus dans cette circonstance. Or, pour eux surtout, avec la connaissance qu'ils avaient de la localité, la lutte était comme une chasse à l'affût, avec la différence qu'au lieu de tirer sur d'innocents animaux, ils prenaient un ennemi odieux pour but de leurs coups; ils n'en étaient que plus redoutables, et quand on affirme après eux que leurs balles ont fait beaucoup de mal aux assaillants, ce n'est là que la simple expression de la vérité. Deux de ces aventureux volontaires entretenaient de compagnie un feu vif contre le parti qu'ils avaient en tête : « Qu'est-ce que tu fais là ? dit l'un des deux à l'autre ? tu tires à la poitrine; c'est s'amuser à rien. Vise au cou, il y a bien plus de chances de faire coup double. » Et il le faisait comme il le disait. Pour citer encore un exemple, la résistance longtemps opposée sur les hauteurs de la rue Neuve, par les mobiles et les paysans réunis, aux masses prussiennes qui les attaquaient, a-t-elle été beaucoup moins meurtrière pour celles-ci sur un terrain presque découvert et sans abri ?

Aussi l'ordre fut-il donné, au moment du départ, de réquisitionner dans le pays un certain nombre de voitures, qu'on se garda bien cependant de faire conduire par leurs propriétaires, et un seul cultivateur de la rue du Château vit prendre dans sa grange jusqu'à trente bottes de paille pour en garnir le fond et les montants de côté. Les voitures furent ramenées le lendemain, sans qu'on ait pu rien savoir du voyage mystérieux auquel on les avait fait servir.

Les Prussiens cependant, malgré tant de précautions, ne surent point garder leur secret jusqu'au bout. Quelques jours après, un de leurs détachements occupait de nouveau Longpré. Un piquet de service alla fouiller un bosquet voisin du château et en rapporta onze fusils déjà rouillés, des sacs et autant de capotes de soldats. Tout le monde put les voir sous la halle où ils restèrent déposés plusieurs heures. C'était l'équipement des premières victimes du combat. Où et quand découvrira-t-on les autres? Les soldats parlèrent de leur côté et commirent quelques indiscrétions. On s'en est servi pour établir d'une manière à peu près certaine la perte subie par les Prussiens dans cette journée du 28, et qui aurait été de soixante-dix hommes mis hors de combat. Ils auraient ainsi perdu une centaine d'hommes dans les deux affaires de l'Etoile et de Longpré.

Mais cette dernière affaire, pour avoir donné l'occasion de se distinguer à quelques hommes pleins de cœur, mobiles et volontaires du pays, n'en était pas moins une défaite fâcheuse à plus d'un titre; et, d'abord, c'est sur les lieux mêmes qu'il faut avoir recueilli les amères impressions qu'elle laissa dans l'âme de ceux qui en furent les témoins et aussi les victimes, puisque quatre habitants de Longpré y trouvèrent la mort, pour comprendre tout ce qu'un insuccès peut comporter de conséquences morales, tristes et funestes. — « Oh! avons-nous entendu répéter à plusieurs reprises en parcourant le village, si l'affaire avait été bien menée, il n'en serait pas resté un seul de ces Prussiens; mais il y avait là de ces hommes qui ne savaient seulement pas tirer un coup de fusil, et qui ne le voulaient pas non plus! » Ce qui est intraduisible, c'est le ton avec lequel ces paroles étaient dites et le geste qui les accompagnait. Un de nos amis à qui nous demandions quelques notes sur ce qu'il avait pu voir de ses propres yeux, nous répondait qu'il lui fallait se faire violence pour donner satisfaction à ce désir. Sa lettre s'inspire d'une belle indignation qui, après un an déjà passé, ne lui permet de pardonner « ni la facilité avec laquelle l'ennemi s'empara de positions qui pouvaient être défendues pendant longtemps, ni l'indifférence avec laquelle les troupes d'Abbeville, qui devaient accourir par le chemin de fer, ont laissé s'accomplir le désastre de ce jour. » Voilà bien, en effet, le sentiment qui est resté de toute cette affaire au milieu d'une population qui a le droit de se montrer d'autant plus susceptible qu'elle a été plus vaillante et plus résolue à se défendre.

Une autre grave conséquence fut que la déroute de ses avant-postes faillit entraîner la reddition d'Abbeville. Nous n'avons pas à faire ici l'historique de cette place pendant la guerre, quoi que ce pût être fort intéressant à bien des points de vue ; mais pourtant il nous faut expliquer comment la défaite de

Longpré fut sur le point de lui devenir fatale.

Déclassée depuis deux ans, la place d'Abbeville n'avait plus de forteresse que l'apparence à l'époque de la guerre. Les portes en étaient abattues, les demi-lunes éventrées, les contre-gardes ruinées, soit qu'elles l'eussent été par l'administration, soit par la spéculation privée ; de plus, sur 6 kilomètres d'enceinte, elle n'avait d'escarpe revêtue que sur une longueur de 3,400 mètres environ; le reste n'était défendu que par des ouvrages en terre en fort mauvais état et protégés par des bras de la Somme, que le froid de l'hiver ne devait pas tarder à transformer en ponts naturels pour l'ennemi. D'ailleurs, la place est dominée de toutes parts par les hauteurs voisines, d'où la nouvelle artillerie peut l'écraser sans qu'il lui soit possible de répondre : c'est, au nord, le mont de la Justice, à 1,000 mètres du rempart ; à l'est, le plateau géologique célèbre du moulin Quignon, à 1,200 mètres ; au sud, sur la rive gauche de la Somme, la croupe des monts Caubert, position formidable, accessible seulement par ses deux extrémités, de 1,800 à 2,000 mètres de distance. On n'avait jamais songé du reste que la ville pût être de quelque secours pendant la guerre, et les travaux de défense extérieure exécutés plus tard sur ces hauteurs menaçantes avec une rapidité et un zèle surprenants, ne le furent que dans le courant de janvier 1871, quand un officier aussi ferme qu'intelligent eut pris le commandement supérieur de la place et des troupes qu'elle renfermait. A la fin de novembre, elle était à peine à l'abri des insultes des éclaireurs ennemis, et ce ne fut qu'après l'occupation d'Amiens par les Allemands (28 novembre) qu'on songea à tirer de sa vieille enceinte et de sa position tout le parti qu'il serait possible.

A cette date, diverses troupes avaient donc été successivement dirigées sur Abbeville : d'abord le 1er bataillon de la 1re légion mobilisée de la Somme, qui venait d'assister à la bataille de Dury où il fit bonne contenance dans les retranchements à peine ébauchés qu'il était chargé de garder entre la route de Paris et celle de Rouen ; puis le 4e bataillon des mobiles du Pas-de-Calais, et enfin la 6e légion des mobilisés du Nord dont le lieutenant-colonel, M. Plancassagne, prit le commandement de la place. Le 94e de ligne, arrivé le même jour (8 décembre) que les mobiles du Pas-de-Calais, n'avait pas tardé à être rappelé à l'armée du Nord. Des tiraillements s'étaient déjà produits entre le Préfet installé à Abbeville depuis le 1er décembre, et le Conseil municipal, auquel s'étaient adjoints les notables pour discuter sur la conduite à tenir dans le cas d'une démonstration prochaine des Prussiens contre la ville : question toujours grave, quand on est à peu près sans défense, de décider à combien d'ennemis il faut avoir affaire pour pouvoir se rendre décemment. Le lieutenant-colonel Plancassagne devait se décider pour la lutte à outrance; il le fit dans une proclamation célèbre.

C'était un ancien sergent d'infanterie de marine, dont le dévouement n'était pas douteux, mais qui n'avait peut-être pas les talents et la mesure nécessaires à un commandant de place, obligé de se distinguer aussi bien par les vertus civiles que par les qualités militaires; il débuta donc dans son commandement par des rodomontades d'assez mauvais goût et par une lettre parvenue à une sorte de célébrité en France et même en Allemagne, et dans laquelle il stigmatisait en termes des moins parlementaires les tendances pacifiques de la ville à la tête de laquelle il venait de se placer.

C'était un acte d'autant plus maladroit, que le colonel Plancassagne devait se trouver bientôt dans le cas de se départir lui-même de ces fiers sentiments. Ce qu'il gagna d'abord par cette conduite, ce fut d'exaspérer les habitants contre l'autorité et la défense en général, et lorsque, le 27 décembre, le jour de l'affaire de l'Etoile, on signala que les avant-postes étaient engagés contre les Prussiens, le bruit courut immédiatement que ceux-ci marchaient sur Abbeville, et la terreur publique exagéra singulièrement leur nombre. La défaite du lendemain porta cette terreur à son comble, et l'on s'attendait à voir l'ennemi paraître d'un moment à l'autre devant la place.

Le colonel Pestel avait quitté Airaines dans la matinée du 29, en se dirigeant vers Amiens avec ses prisonniers; mais lui-même s'arrêta à Picquigny avec la plus grande partie de ses forces, et le lendemain, 30, à la tête d'une autre colonne rapide, se mettant de nouveau en campagne, mais par la rive droite de la Somme dont il s'écartait d'ailleurs sensiblement, il arrivait à Saint-Riquier, à 8 kilomètres et au nord-est d'Abbeville, et, de là, informé du désarroi qui régnait dans la place et de l'esprit des habitants, envoyait à quatre heures de l'après-midi deux parlementaires sommer la garnison. C'était une singulière audace de la part d'une colonne qui comptait au plus 2,000 hommes et n'avait pas une pièce d'artillerie, mais cette étrange outrecuidance n'était pas sans chances de réussite. On comptait à bon droit sur le découragement de la garnison après l'échec de l'avant-veille, sur la frayeur de la population, sur la difficulté de garder 6 kilomètres d'enceinte; la ville d'ailleurs était complètement dépourvue d'artillerie, si l'on en excepte deux mitrailleuses qui, encore, étaient mauvaises : après une délibération assez confuse du conseil de défense, où furent proposés différents avis, le colonel Plancassagne envoya à 6 heures du soir deux parlementaires à Saint-Riquier demander les conditions que ferait l'ennemi. On voulait, au fond, sous le prétexte de traiter, gagner du temps et savoir à quelles forces réelles on avait affaire. L'artillerie surtout faisait peur, dans l'ignorance où l'on était que les Prussiens n'en avaient point; et dans l'impossibilité où l'on se fût vu de répondre à du canon par des coups de fusil, nul doute que la ville n'eût été abandonnée sans défense.

Cependant M. Lardière, le préfet, s'empressait de télégraphier à Lille, où l'on savait à 10 heures du soir tout ce qui venait de se passer à Abbeville. L'état-major général envoyait immédiatement à Boulogne une dépêche à M. Baboin, commandant supérieur des légions mobilisées de la Somme, qu'il avait conduites dans cette ville après la prise d'Amiens, et cette dépêche arrivée à minuit contenait en substance : « Partez de suite et par train spécial pour Abbeville où l'on prend peur. . .
. . . .
Donnez ordre d'amener vos vithvorth (1) avec munitions, et demandez quelques pointeurs à Calais qui a l'ordre de les donner. — Vous mettrez les pièces sur les remparts, dont l'ennemi n'osera pas s'approcher. — Ne capitulez sous aucun prétexte; les forces de l'ennemi sont minimes. — Par ordre, le chef d'état-major, DE VILLENOIZY. »

A deux heures du matin, M. Baboin partait

(1) Vithvorth, pièce légère anglaise à projectiles hexagonaux, lançant surtout des boîtes à mitraille. Tir effectif contre des troupes de 2,000 à 2,500 et même 3,000 mètres.

de Boulogne avec un officier d'ordonnance et débarquait à Abbeville après deux heures d'une route assez rapide. Il y trouvait en arrivant les conditions de la capitulation qu'on venait de rapporter. Ces conditions n'offraient rien de particulier par elles-mêmes, et pour ce qui est de la garnison, elle devait être prisonnière, sauf les officiers qui s'engageaient à ne plus servir pendant la durée de la guerre. A deux lieues de distance et sans brûler une cartouche, à peine égal par le nombre à la garnison menacée, et quoiqu'il n'eût pas une seule pièce de canon, voilà les conditions que l'ennemi imposait à une ville de 20,000 habitants : quelle confiance en soi-même et quel mépris de ses adversaires !

On imagine aisément l'accueil fait par le commandant supérieur Baboin à une telle capitulation. Le colonel Pestel s'était réservé d'en soumettre les clauses à l'approbation du général von Gœben son chef : M. Baboin lui répondit immédiatement par la lettre suivante :

A Monsieur le Colonel von Pestel,
commandant les forces allemandes à Saint-Riquier.

« Accouru cette nuit de Boulogne prendre

» le commandement de la place d'Abbeville,
» je trouve en arrivant les conditions que,
» avec une courtoisie que je me plais à re-
» connaître, vous avez bien voulu indiquer
» pour une capitulation éventuelle de la gar-
» nison.

» Vous comprendrez sans doute que je n'ai
» pas même à les examiner.

» Agréez, etc.

» BABOIN,

» *Commandant supérieur de la place*
» *et de la garnison d'Abbeville.* »

Il y avait, raconte-t-on, parmi les premiers parlementaires qu'avaient envoyés le colonel Plancassagne à Saint-Riquier, un capitaine surnommé le capitaine *Bleu*, sur lequel on a bâti toute une légende et dont les Prussiens avaient voulu s'égayer fort ; ils ne furent pas tentés de rire de ceux qui leur apportèrent la réponse de M. Baboin. Le commandant prussien se le tint pour dit, replia ses avant-postes et dans la soirée abandonna Saint-Riquier pour se porter plus au nord vers Crécy. Son intention évidente était, en tournant Abbeville, de couper le chemin de fer de Boulogne et d'interrompre ainsi la seule communication qui restât à la première de ces deux villes ; et c'est ce que firent, en effet, ses éclaireurs le lendemain, 1er janvier, en s'avançant jusqu'à Rue.

Mais, fort heureusement, le commandant Baboin avait reçu ses withvorth avec trois batteries d'artillerie, une de quatre, une de douze rayé, une de douze lisse, avant la rupture de la ligne ; ce qui, avec les deux mitrailleuses existant dans la place, portait son armement à 23 bouches à feu. Seulement ces pièces arrivaient sans caissons, sans chevaux et avec un approvisionnement insuffisant (40 coups) ; il fallait s'ingénier à trouver dans la ville et aux environs de quoi les atteler.

Le premier soin du nouveau commandant fut de chercher à rétablir ses communications. La journée du 1er janvier fut employée à atteler avec des chevaux et des harnais de réquisition une demi-batterie de quatre, et, le lendemain matin, avec trois bataillons et cette demi-batterie roulant tant bien que mal, il se portait vers Bernay et prenait position sur les hauteurs de la rive gauche de la Maye. Là devaient le rejoindre deux bataillons amenés de Boulogne par le lieutenant-colonel P....;

mais ces bataillons arrivèrent dans un état de désordre tel qu'ils eussent été plus nuisibles qu'utiles en cas de rencontre avec l'ennemi. Celui-ci n'avait pas heureusement l'intention de livrer bataille, et s'était retiré pendant la nuit sur Auxi-le-Château. La colonne put rentrer le même soir à Abbeville par le chemin de fer qui avait été rétabli.

Elle y trouva un renfort précieux arrivé dans l'intervalle; c'était un bataillon de marche du 64e de ligne, troupe jeune mais solide, qui avait vu le feu à Pont-Noyelle. Elle était destinée à servir de réserve à la garnison qui, par suite de ce renfort complété dix jours après par l'arrivée des 2e et 3e bataillons de la 1re légion mobilisée de la Somme, allait se trouver portée à près de 7,000 hommes. Abbeville pouvait se croire dès lors à l'abri d'une suprise et d'un coup de main.

Ce n'était point assez pour le commandant supérieur qui, dans l'éventualité d'une attaque sérieuse faite par l'ennemi sur la place confiée à ses soins, voulut prendre des mesures énergiques afin de la mettre sur un pied de défense respectable. Aussi, tout en s'occupant de rendre de l'aplomb aux troupes et de leur donner quelque instruction militaire, se mit-il à faire réparer les fortifications du corps de place ouvert en mains en droits depuis son déclassement; la ville étant fortifiée en vue de l'ancienne artillerie et dominée de toutes parts par la portée de la nouvelle, il voulut encore reporter la défense sur les hauteurs et s'efforça de mettre les dehors en état d'opposer une vigoureuse résistance ; enfin il travailla de tout son pouvoir à calmer les susceptibilités de la population et à familiariser les esprits avec l'idée d'un bombardement possible. C'était peut-être la partie la plus épineuse de sa tâche. Il était assailli de réclamations contre l'ancien commandant, auxquelles il était bien difficile qu'il fit droit, mais dont on se servait pour agiter l'opinion; un esprit hostile se manifestait contre les nécessités de la résistance : les dispositions de la loi durent être portées par voie d'affiches à la connaissance des habitants, et quelques arrestations, non maintenues d'ailleurs, ordonnées contre des personnes qui ne voulaient pas se soumettre aux réquisitions de guerre. Cependant, quand on vit une commission visiter les caves susceptibles de servir d'abri en cas de siége, et l'officier municipal procéder au recensement de toutes les ressources existant en vivres, on finit par se convaincre de la réalité de la situation, et si l'on ne devint pas de chauds partisans de la défense, on arriva cependant à ne plus tant protester contre elle. Les préparatifs en étaient fort avancés à la date du 20 janvier ; le recensement des caves avait donné avec les casemates de la place, au nombre de quatre, un total de 1800 mètres carrés d'abris voûtés ; la ville possédait un approvisionnement d'un mois.

Au dehors, les travaux ne marchaient pas avec moins de rapidité. On construisit sur la croupe des monts Caubert, qui n'est accessible que par ses deux extrémités, aux villages de Mautort et de Villers-sur-Marœuil, une batterie en terre pour quatre pièces de douze rayé qui avaient de cette hauteur un magnifique horizon ; le village de Mautort fut mis en état de défense ; celui de Villers-sur-Marœuil, qui formait la véritable clé de la position, le fut également, et les deux bouquets de bois dont il est flanqué furent hérissés de haies en fils de fer qui en firent des obstacles considérables. De chaque côté, un certain nombre de maisons furent fortifiées aux avancées, quelques unes avec tambours en palanques devant les portes, toutes avec lambourdes aux fenêtres et créneaux. Ces travaux se firent sous la direction du commandant Saphore.

Le plateau du moulin Quignon fut défendu par une batterie également enterrée, pouvant recevoir huit pièces au besoin sur les deux flancs et balayer, selon l'orientation de l'attaque, tout le terrain en avant depuis la direction de Pont-Remy jusqu'à celle de Saint-Riquier.

Le mont de la Justice reçut deux batteries, l'une enterrée, en avant de Thuison, battant le ravin de Drucat, l'autre sur terrain naturel, au moulin de Manchecourt, destinée à contre-battre le plateau de la ferme du Val et à dominer les deux routes venant du nord.

Comme appui de ces batteries, on traça à droite et à gauche de chacune d'elles des tranchées-abris dont le développement total s'éleva à plus de trois kilomètres : il était bon, en effet, de ne présenter à l'ennemi que derrière des fortifications les jeunes troupes dont on disposait ; et comme c'était l'habitude du feu qui leur manquait le plus, on pouvait espérer de cette façon d'agir d'excellents résultats. D'une manière générale, c'est peut-être de ces moyens patiemment préparés que dépend le succès dans toute lutte défensive, non pas seulement quand elle est soutenue autour d'une place, mais même lorsqu'elle s'engage en pleine campagne entre deux armées. Quand le général Faidherbe livra la bataille de Pont-Noyelle, il avait étudié et préparé le terrain à l'avance. Il savait bien que l'ennemi, selon sa constante habitude, et toujours plus fort par le nombre, essaierait de le tourner à son extrême droite et de forcer le passage de l'Hallue au-dessus du village de Contay, à la source même du ruisseau; aussi avait-il fait placer un nombre de canons suffisants pour déjouer toutes les tentatives faites de ce côté. Les Prussiens ne manquèrent point d'amener tout le jour de l'artillerie au point précis de la rive droite où l'on supposait avec raison qu'ils voulaient exécuter leur mouvement tournant ; mais ils ne purent jamais réussir à mettre une seule pièce en batterie : les canonniers de la marine les démontèrent toutes successivement. Ce qui dut contribuer sans aucun doute à l'issue de la journée.

Tel était l'état des choses à Abbeville, quand, le 28 janvier, un mois jour pour jour après l'affaire de Longpré, le commandant supérieur fut prévenu qu'un corps nombreux de l'armée allemande, on dit 30,000 hommes, était désigné pour l'attaquer ; la première division, sous les ordres du général von Groben, avait quitté Amiens le jour même en deux colonnes marchant, l'une sur Picquigny, l'autre sur Flixecourt ; la seconde division devait suivre le lendemain. L'armistice vint tout interrompre. A la première nouvelle qui lui parvint de la suspension des hostilités, le commandant supérieur, s'imaginant qu'une ligne de démarcation serait établie entre les troupes françaises et allemandes sur la base de l'*uti possidetis* (chacun des deux partis restant maître du terrain par lui occupé), s'empressa de prendre toutes les mesures qui pouvaient lui assurer la possession de la plus grande étendue de pays possible. Il résolut en conséquence de proposer pour cette ligne de démarcation dans la Somme la route départementale n° 16, passant par Doullens, Fienvillers, Domart, Moufflers, Longpré, Airaines, Oisemont, et de la prolonger jusques dans la Seine-Inférieure, le long de la route nationale n° 28, par Blangy, Foucarmont et Neufchâtel jusques à Dieppe, dont le port était indiqué comme point de concentration des vivres destinés au ravitaillement de Paris.

La nouvelle de l'armistice était arrivée dans la nuit du 29 au 30, à une heure du matin ; à 3 heures, les conducteurs d'artillerie et un certain nombre d'éclaireurs à cheval, en tout 124 cavaliers partagés en dix détachements, chacun sous la conduite d'un officier intelligent muni d'une notification de l'armistice et d'instructions détaillées en cas de rencontre de l'ennemi, partaient pour aller occuper les points principaux de la ligne que nous venons d'indiquer ; 80 voitures étaient rassemblées pendant le reste de la nuit, et, au jour, 400 hommes d'infanterie partaient à leur tour pour aller soutenir sur chacun de ces points les détachements de cavalerie : l'ennemi fut prévenu partout, sauf à Doullens, et à trois heures et demie de l'après-midi, une dépêche annonçait que nos cavaliers étaient entrés à Dieppe et à Neufchâtel, après une traite de plus de 60 kilomètres. C'était le capitaine B..., de l'artillerie mobilisée de la Somme, qui avait conduit l'expédition de Dieppe, et il fut rejoint successivement par la compagnie de débarquement du navire de l'État le *Diamant*, et par une compagnie de mobilisés arrivés en poste ; l'ennemi distancé dans sa marche avait dû s'arrêter à quatre kilomètres de cette ville.

Mais on apprenait bientôt par une lettre du général von Groben qu'il n'y avait point de ligne de démarcation, ni dans la Somme ni dans la Seine-Inférieure, et que tout le département, y compris Abbeville, devait être livré aux troupes allemandes. Cette place ne pouvait plus échapper dès lors au sort qui la menaçait, ni éviter une reddition que la force des choses commandait de faire cette fois sans résistance. Sauf les malades et les blessés, il n'y restait plus un soldat français le 5 février à dix heures du matin ; on avait enlevé jusqu'aux sacs à terre des batteries. L'ennemi arriva le 6 à midi, et eut l'impertinence de se faire apporter à l'avancée les clefs d'une ville qu'il n'avait pas prise. On se demande ce qu'il aurait fait de plus, s'il l'eût emportée comme d'assaut par la terreur, le surlendemain de l'affaire de Longpré. Chez ce peuple, le manque de mesure et de goût se trahit par tous les pores et n'a d'égal que la haine envieuse qu'il nourrit contre la France. Il nous hait par envie du rang que nous avons tenu en Europe, et qu'il a l'ambition grossière de enir à son tour, sans espérer y réussir jamais. L'Anglais, par exemple, est un grand peuple qui, dans le rôle qu'il a joué, a acquis la dignité du caractère et le respect des autres et de soi-même : l'Allemand, même au milieu de ses victoires, sent son infériorité. Il est enivré, mais encore plus surpris que glorieux ; et n'en ayant pas l'habitude, il use du succès avec rudesse et comme un sot parvenu.

Il était environ six heures, quand les Prussiens arrivèrent à Airaines avec leurs prisonniers. C'était une longue et triste colonne de cavaliers marchant sur deux files et formant un double mur entre lequel s'avançaient paysans et mobiles, confiés à la garde spéciale des uhlans ; l'infanterie venait après. On se dirigea vers l'église qui avait été requise pour leur servir d'asile et de prison pendant la nuit ; une église propre, avenante, distinguée par son architecture, d'une ornementation simple et de bon goût, et toute parée de vitraux, grisailles et figures d'un grand prix et du meilleur effet : le contraste était frappant. De ce lieu de paix, de prière et d'espérance, l'honneur et l'orgueil d'une population, le Prussien faisait un lieu de guerre, une geôle, un instrument de souffrances, le témoin ajouté à tant d'autres de notre défaite et de notre honte. On parlait jadis de la France soldat de Dieu, le vainqueur se donnait la lourde joie de faire de Dieu même le geôlier des Français vaincus et captifs.

L'installation fut vite faite. Les prisonniers pénètrent dans l'intérieur de l'église par la grande porte ouverte à deux battants, et on leur permet de s'établir comme ils pourront sur les bancs et les chaises de la nef et du transept. Une grille en fer sépare le chœur du reste de l'édifice ; pour qu'il fût impossible de l'ouvrir, un sous-officier prussien en cassa la clef dans la serrure et s'établit lui-même avec quelques hommes de garde devant la porte. Une autre issue donne accès au dehors par le chœur et la sacristie, et c'est contre toute tentative de fuite de ce côté qu'il voulait se mettre en garde. Cela donna lieu à un incident curieux qui trouvera naturellement sa place dans ce récit épisodique.

L'invasion de l'église avait été si rapide,

qu'on n'avait pu retirer de l'autel les hosties consacrées. Quand M. le curé d'Airaines se présenta à la porte du chœur, il se trouva en présence d'un double obstacle, et de cette porte elle-même qu'on ne pouvait plus ouvrir, et du sergent qui le reçut assez mal. Cet homme était ivre et venait de se livrer à des voies de fait brutales sur un de ses soldats pour un motif futile ; celui-ci, en éclairant son supérieur qui voulait briser la clef de la grille, avait eu la maladresse de s'approcher trop près de lui et de heurter son casque qui tomba lourdement sur le pavé : le sergent le roua de coups de plat de sabre pour l'apprendre à vivre. Il y avait quelque chose de plus simple que de s'exposer aux caprices et à la mauvaise humeur de cette brute, c'était d'aller trouver le chef de l'expédition et de se faire donner par lui une autorisation formelle de circuler et d'agir. Le colonel Pestel s'était logé à l'*Hôtel de la Poste*; il reçut son visiteur avec politesse, s'excusant de l'invasion de l'église par la nécessité de la guerre, et il mit à sa disposition un soldat parlant bien le français et chargé de porter l'ordre au poste de l'église de laisser faire M. le curé avec la plus entière liberté. Une fois dans la rue, le soldat, un grand et fort gaillard à la mine presque avenante, manifesta le désir de causer : « Moi, M. le curé, polonais et juif. » Et cela, avec le ton de la meilleure humeur. Il n'y avait qu'à lui répondre de même : « Polonais ! braves gens les Polonais ; mais j'aimerais mieux pour vous que vous connussiez le Messie. » On échangea quelques paroles jusqu'à l'église. Un piquet de soldats gardait la porte d'entrée ; des sentinelles faisaient bonne garde autour de l'édifice ; d'autres se promenaient à l'intérieur dans les allées : le juif transmit à tous ces hommes les ordres du colonel, et sur l'observation qui lui en fut faite, ajouta qu'il y aurait peine de la schlague pour quiconque manquerait de respect au pastour. Il était bon de prendre toutes les précautions réclamées par la prudence.

M. le curé chargea son vicaire de transporter les hosties consacrées à la chapelle de l'hospice ; mais celui-ci fût arrêté par une sentinelle dès son premier pas. Comme il se présentait à la porte extérieure de la sacristie pour pénétrer dans le chœur de l'église, l'homme de garde refusa de le laisser passer. « Vous, pas pastour, objectait-il ; nix passer. » Le juif vint à son secours :

« Non, pas pastour; pastour, capitaine, mais lui, lieutenant. » Où va le capitaine, va le lieutenant ; et le vicaire passa. Toutefois, deux sentinelles pénétrèrent dans l'église avec lui et le suivirent à l'autel, l'arme au bras. Le juif, fidèle protecteur, fut chargé de la fonction plus délicate d'enfant de cœur ; le vicaire lui mit dans la main un gros cierge allumé avec lequel il devait précéder le Saint-Sacrement ; et lui alors, tenant haut et ferme son flambeau, de marcher gravement en avant jusqu'en dehors de l'église et du cimetière qui l'environne.

Pendant ce temps, M. le curé donnait tous ses soins à une œuvre non moins pressante : il s'agissait de procurer à boire et à manger aux prisonniers, de fournir des vêtements à quelques-uns, et de leur apporter ce que l'on pourrait de feu et de chaleur, secours indispensable contre le froid rigoureux. La chose présentait bien quelque difficulté. C'était la première fois qu'on logeait l'ennemi dans le bourg, et dans certaines maisons on avait à sa charge jusqu'à quinze de ces hôtes incommodes. Chacun était bien aise de rester chez soi, et on n'osait pas trop se risquer dans les rues pleines de sentinelles et de patrouilles. M. le curé se mit en quête; des personnes dévouées se rencontrèrent avec lui dans la même intention, et le mot d'ordre fut répandu qu'il fallait apporter à souper aux mobiles enfermés dans l'église. Le pain arriva d'abord ; du vin, du cidre, de l'eau même réclamée avec instances par plusieurs qui éprouvaient une grande soif après cette rude journée, furent envoyés avec le même empressement ; on y joignit du fromage, de la viande autant qu'on en avait, et il fut ainsi possible de donner satisfaction à la première faim. Tout le monde, d'ailleurs, était loin de savoir que les Prussiens eussent amené ce grand nombre de prisonniers à leur suite, et ce fut surtout aux voisins qu'incomba le soin de leur venir en aide. Le percepteur envoya tout ce qu'il avait de provisions chez lui. Un cultivateur, refusant de vendre, comme il en avait l'habitude, le lait de ses vaches, vint s'établir dans une maison attenant à l'église, et là, il eut fait préparer en un tour de main dans une immense marmite une soupe qu'on porta toute fumante aux prisonniers. Un père de famille se distingua par le dévouement ému qu'il montra en cette circonstance. Ses deux fils étaient enfermés dans

Paris avec les mobiles de la Somme; le sort de ceux autour desquels il s'empressait lui rappelait ce que ses propres enfants pourraient avoir à souffrir eux-mêmes : aussi leur apporta-t-il tout ce qu'il put, du vin, de l'eau-de-vie, des vêtements ; et payant de sa personne, il voulut encore passer avec eux une grande partie de la nuit, heureux de leur manifester sous toutes les formes la plus touchante sympathie.

Les femmes n'étaient pas les moins empressées. Il avait fallu d'abord satisfaire aux exigences des Prussiens dont la faim était encore excitée par la longue marche qu'ils avaient faite ; mais une fois remplie cette pénible obligation, on n'en était que plus à l'aise pour songer aux nôtres. La femme d'un charpentier sacrifia jusqu'au dernier tout ce qu'elle avait d'œufs pour eux, et en fit une colossale omelette qu'elle courut leur distribuer elle-même. Et, non contente de ce premier chef-d'œuvre, elle se mit encore en frais de préparer une jatte de punch au cidre qui fut agréé avec enthousiasme. Les hommes de garde avaient bien fait quelque difficulté de la laisser pénétrer dans l'intérieur de l'église ; mais, moitié parlementant, moitié forçant la consigne, elle passa quand même et mit le comble à ses bons offices en allant acheter du tabac pour tous ceux qui voulurent bien lui confier leur argent. Elle revint ensuite en faire la distribution avec une conscience qui n'avait d'égal que son bon cœur, ne remettant à chacun son lot qu'à bon escient.

Il en était, en effet, du tabac comme du reste. Il paraît impossible que, dans une telle situation, une distribution de vivres, de boisson et de toute autre chose, puisse se faire avec régularité. Les plus pressés et les moins timides sont toujours les mieux servis. Peut-être quelques-uns ne soupèrent-ils que d'un morceau de pain ; peut-être d'autres furent-ils beaucoup mieux partagés. Les officiers se tenaient à l'écart et silencieux ; il fallut que M. le curé d'Airaines se mît en peine de les faire consentir à vouloir bien prendre pour eux-mêmes un peu de nourriture. Déjà il avait pu procurer des sabots et des chaussons de laine au commandant Broutin, dont les pieds étaient endoloris par la fatigue et le froid ; il fit encore apporter des chaufferettes, des couvets et même des chaudrons remplis de braise de tourbes, trop faible remède cependant contre les rigueurs du froid.

Il était dix heures environ, quand on eut pu pourvoir aux plus pressantes nécessités. Dormir après cela n'était pas facile sur des bancs, des chaises ou le pavé nu, et la plupart n'y songeaient guère ; il fallut donc encore les occuper et les aider à passer le plus de temps qu'on pourrait de cette longue et douloureuse nuit d'hiver et de captivité. M. le curé monta en chaire, et se mit à parler à ses auditeurs sur le ton de la conversation la plus familière. Certes, le temps et le lieu se prêtaient fort à toutes les idées religieuses dont il était permis de les entretenir.

Le sentiment religieux est une des choses les plus profondément gravées dans le cœur de l'homme. Un ancien, sagace observateur de la nature humaine, a formulé une doctrine de philosophie pratique, par laquelle il enseigne à vivre selon les prescriptions de cette nature ; et il ne faut pas oublier que, dans l'homme, ce qui domine, ce qui est supérieur, ce qui tient la première place, c'est la partie intellectuelle et morale, c'est, par conséquent, la conscience et la raison, et que vivre selon la nature, c'est suivre surtout les prescriptions de la conscience et de la raison. Or, le sentiment de la divinité, le sentiment des liens et des devoirs par lesquels l'homme se rattache à Dieu et qui le tiennent dans sa dépendance, comme est tenu un être faible et contingent par rapport à un être fort et tout puissant, ce sentiment-là est inné dans la conscience et dans la raison humaine ; il y vit, il dure, il s'accroît, il est une partie même de l'âme, il en est la vie au même point que l'amour, la miséricorde, la générosité, l'idée du juste, du vrai et du bien, toutes choses qui sont l'âme elle-même et sans lesquelles il n'y a pour l'homme qu'une vie incomplète, restreinte, grossière et misérable. Et ce qui le prouve bien, c'est l'ardeur, c'est la force instinctive avec laquelle l'idée de Dieu, l'idée religieuse remonte à la surface du cœur à l'heure du péril, de la douleur et de l'affliction ; c'est alors, en effet, pour l'homme menacé, souffrant ou frappé, comme une question de vie ou de mort qui s'agite pour ou contre lui, et il sent par nature que cette existence qui lui échappe ou s'amoindrit, et qui, de toutes manières, est le plus grand des biens, ne peut être retrouvée qu'en Dieu et par Dieu.

Le sentiment religieux est donc une chose essentiellement humaine, et M. le curé d'Airaines avait raison de parler un peu de Dieu à ses prisonniers ; ils trouvèrent aussi qu'après s'être mis en peine de satisfaire à leurs besoins matériels, il était juste qu'il ne s'adressât pas moins à leur intelligence et à leur cœur. La prière du soir suivit après plus d'une heure d'entretien, et quelques sentinelles prussiennes y prirent part par leur attention et leur respect.

Une autre besogne fut ensuite entreprise et menée à bonne fin ; ce fut de recueillir les adresses des familles que tous étaient désireux d'informer de leur sort. Quelques-uns purent tracer quelques lignes ; d'autres ne donnèrent qu'une simple adresse, se confiant à M. le curé qui écrivit lui-même et expédia une quantité de lettres les jours suivants. Les communications postales se faisaient toujours par Abbeville et Boulogne, quoi qu'avec lenteur et une grande circonspection. Il nous a été donné de parcourir un certain nombre de réponses qui furent adressées à Airaines par les familles : c'est là ou nulle part qu'on devait s'attendre à la manifestation de la plus vive reconnaissance. Un mobile lui-même écrivait deux jours après qu'il avait pu s'évader de la gare d'Amiens où on l'avait parqué avec ses compagnons à leur arrivée dans cette ville, et qu'il était heureux d'annoncer cette bonne nouvelle à qui avait pu tant s'intéresser à son sort.

Ainsi la nuit s'avançait lentement, pénible encore plus par les heures qui restaient à s'écouler que par celles qui étaient passées. La belle humeur du Français ne perd cependant jamais ses droits. Un mobilisé n'avait plus de tunique ; on le revêtit d'un paletot fort décent : lors un de ses compatriotes : « Dis donc, Baptiste, comme te voilà biau ! Les Prussiens n'vont pas te reconnaître. »

Mais si dure que fût la nuit pour les prisonniers militaires, elle l'était encore plus pour les habitants de Longpré qui partageaient leur sort. Leur nombre s'était accru en route de six compagnons du village d'Allery, qui se trouve à trois ou quatre kilomètres en amont d'Airaines, sur la rivière de Dreuil. Ces gens-là, malgré qu'ils fussent à plus de deux lieues de Longpré, n'avaient pu se retenir au premier bruit de la fusillade qu'ils avaient entendu dans l'après-midi ; pris d'une curiosité invincible, ils s'étaient mis en campagne, croyant d'abord que l'engagement avait lieu à une distance beaucoup plus rapprochée. Aussi les avait-on vus déboucher en nombre sur la place du marché d'Airaines vers deux heures, quinze ou vingt peut-être, criant, gesticulant et s'interpellant les uns les autres avec le ton et les manières qui leur sont particuliers. Un témoin oculaire nous racontait qu'à les voir rouler du haut du bourg dans la vallée, il avait été pris d'un fou rire qui n'avait fait que s'accroître par la chûte de l'un d'entre eux, un grand déhanché, haut en jambes, et qui de sa voix criarde ralliait ses compagnons pour les lancer dans la bonne direction. Ils ne tardèrent pas, en courant vers Longpré, à se heurter aux vedettes prussiennes qui surveillaient la campagne, et comme on leur demandait ce qu'ils voulaient, ils eurent l'ingénieuse idée de répondre qu'ils faisaient la chasse aux alouettes. On leur intima l'ordre de déguerpir au plus vite, et la plupart se le tinrent pour dit. Mais ce n'était pas le compte des plus enragés, et toujours désireux de voir, ils firent un détour pour tromper la surveillance de l'ennemi. Ils ne réussirent qu'à se faire repincer, et on les enferma comme les autres dans l'église d'Airaines. Ils supportaient néanmoins héroïquement l'aventure, sachant bien qu'il ne pouvait leur arriver grand mal pour un simple excès de curiosité.

Autre était la condition des gens de Longpré. Ils n'avaient pas les mêmes raisons d'être rassurés sur leur sort, et quand ils demandaient aux soldats qui les gardaient ce qui leur était réservé, la réponse n'avait rien de plus encourageant : « Oh ! vous, pas moblotes (mobloten) ; fusillés à Amiens. » Ils eurent recours à M. le curé d'Airaines. Déjà plusieurs d'entre eux l'avaient chargé de leurs dernières recommandations pour leurs familles ; ils lui avaient remis tout ce qu'ils avaient sur eux, des clefs, de l'argent même, le dernier peut-être que leurs femmes et leurs enfants dussent recevoir de leurs mains : un certain nombre n'étaient que de simples ouvriers. M. le curé prit le temps de retourner dans la soirée vers le colonel. Celui-ci le reçut avec la même politesse et les mêmes égards, mais au premier mot qui lui fut dit sur ses prisonniers civils, il répondit d'une manière très-nette et très-significative : « M. le curé, je reconnais que vous êtes dans votre rôle en venant plaider la cause de ces gens-là et en intercédant pour eux ; mais il n'a pas tenu à eux aussi que ma troupe ne fût fort maltraitée. Ils se diront tous innocents, je le sais bien ; ils vous l'ont juré, et vous devez le croire. Mon devoir à moi me commande de juger et d'agir autrement. Il faut qu'un exemple soit fait pour toutes vos populations; ils seront conduits à Amiens et subiront leur sort. Il n'y a pas à insister. »

En effet, il n'y avait pas à insister ce jour-là, d'autant plus que le colonel avait laissé percer un peu d'humeur en ajoutant dans la conversation que six hommes d'Airaines se trouvaient parmi les prisonniers. Il ignorait qu'ils fussent d'Allery. D'ailleurs, il reconnut facilement son erreur et se rendit de bonne grâce.

De retour à l'église, M. le curé répondit de son mieux aux questions que tous lui adressaient ; qu'il n'avait pu obtenir une promesse formelle, qu'il retournerait le lendemain matin auprès du colonel, et qu'il ferait de nouveau tous ses efforts pour qu'ils fussent rendus à la liberté.

Deux d'entre eux eurent l'adresse de s'évader le soir même. L'un se saisit d'un seau à traire qu'on avait apporté plein de cidre, l'autre se chargea d'un panier de bouteilles vides, et se faisant passer pour des habitants de la localité, ils s'échappèrent sans encombre. Mais il y avait à craindre qu'en favorisant ces évasions, on n'aggravât encore le sort des autres.

Les Prussiens, d'ailleurs, faisaient bonne garde, et ne laissaient pénétrer que très-difficilement dans l'intérieur de l'église les personnes qui se présentaient avec des provisions. Le plus souvent ils les leur prenaient des mains et se chargeaient de les porter eux-mêmes à leurs prisonniers. Ils ne manquèrent pas de prélever leur part, et ce n'est pas eux qui firent le moins d'honneur à ce souper de guerre. Il fallut même mettre un terme aux rapines que quelques-uns faisaient sans vergogne, trouvant l'occasion bonne de s'adjuger la part du lion. L'un d'eux avait dérobé lestement une bouteille de vin qu'il cachait sous son bras gauche ; M. le curé la lui reprit avec non moins de liberté, en lui disant : « Pas pour vous. » Cet homme ne sourcilla pas, ne fit aucun geste et ne répondit pas un mot. La plupart, d'ailleurs, mettaient un grand empressement à servir les camarades, c'est le terme dont ils usent en parlant des soldats français. A chaque panier de provisions qu'on apportait, le faisant passer dans l'église : « Pour camarades mobiles, » disaient-ils ; mais leur camaraderie ne s'élevait pas jusqu'aux officiers, et il ne tint pas à eux que ceux-ci ne passassent la nuit à jeun. Affaire d'instinct et de sentiment, qui révèle l'esprit secret dont sont animés les soldats prusssiens pour leurs chefs.

Ils ne se montraient pas moins sévères pour la consigne. Un mobilisé avait touché du bout du doigt le fusil sur lequel s'appuyait une sentinelle. On ne saurait croire à quelle rage ce prussien s'abandonna tout à coup. Se précipitant sur le malheureux mobilisé, il voulait le larder de coups de baïonnette, et on eut beaucoup de peine à le calmer. Plusieurs cas analogues se présentèrent, et M. le curé dut à différentes reprises prendre au collet pour les arrêter ces brutes à l'honneur desquels on doit ajouter qu'ils ne résistaient point, trouvant naturel de céder au pastour. « Trop méchant, vous, disait-il à cette sentinelle furieuse ; voyez, moi, je prends votre fusil, et le camarade ne faisait pas plus mal. » Et l'homme de s'apaiser, mais en justifiant sa conduite : « Vous, bonne pastour, pas soldat ; lui, soldat, savoir l'ordre de faire respecter les armes et le soldat. »

Cette placidité du Prussien qui devient tout à coup furieux, et cette fureur qui retombe dans la placidité, resteront parmi nous comme un des caractères marquants de cette race à la fois virile et puérile, sauvage et disciplinée. C'est comme tout ce que l'on sait encore de leurs allures, tantôt douces, mesurées et bienveillantes, tantôt grossières, brutales et trop exclusivement germaniques ; manières d'être et façons d'agir qu'ils pratiquent aussi bien entre eux que parmi les étrangers et contre l'ennemi. Que n'a-t-on pas vu et retenu de la conduite de leurs officiers à l'égard du soldat? Quel mépris de la dignité et même de la vie humaine ! Que de fois, dans nos villes et dans nos campagnes, sous nos regards indignés, un galopin de sergent a tiré la barbe grise d'un vieux chevronné dans les yeux duquel on voyait sourdre une larme, mais qui se taisait en dévorant sa douleur avec la honte de sa servitude ! Que de fois nous avons pu voir la main grossière d'un caporal, de ce caporal prussien qui est l'emblème de la civilisation teutonique, s'appesantir lourdement sur un de ces casques légendaires, dont il se servait comme d'assommoir pour frapper à grands coups sur la tête de son esclave ! Tête dure, sans aucun doute, et qu'il n'est pas facile d'endolorir ; mais que dire de ce procédé de correction paternelle employé par le prince chancelier lui-même du nouvel empire germanique contre un colonel ou un général ? L'histoire est authentique, et chacun la raconte couramment à Rheims. Ce général voulait schlaguer un maître d'hôtel qui ne lui servait pas du champagne assez vite ou en assez grande quantité, quand Bismarck, qui logeait dans la maison d'en face, attiré par les cris de l'hôtelière, prend le brutal en flagrant délit et lui enfonce si violemment son casque dans la tête, qu'il le fait tomber à ses genoux et aux genoux de l'hôtelier qui voulut bien agréer ses excuses. S'imagine-t-on jamais un général français battant un prussien pour avoir une plus grosse part de choucroûte ?

Il ne serait pas difficile d'accumuler les exemples : mais n'est-ce pas là le signe qu'il y a dans cette race quelque chose de mal équilibré, et dont les éléments sont dans une incohérence radicale au point de vue comparatif de la nature et de l'éducation? Le fond est celui d'un enfant et de l'homme primitif, avec ses qualités et ses faiblesses ; le Prussien sera bon jusqu'à la niaiserie ; il est pitoyable et d'une sensibilité larmoyante en paroles : « Malher! » s'écrie-t-il sur tout et pour tout : l'instant d'après, il n'y a plus qu'un homme furieux, incendiaire, voleur et versant le sang comme une bête fauve, au hasard, sans conscience ni remords. Il n'a pas l'âme, il n'a pas l'intelligence, il n'a pas le sens moral, il n'a pas tous ces dons supérieurs de l'être humain de la même manière que nous les avons et comme nous nous étudions à les avoir. Prenez cette instruction tant vantée de la Prusse : oui, on sait lire, écrire couramment et communément dans ce pays, plus couramment et plus communément qu'en France, mais de la même manière qu'ils savent faire tête à droite et tête à gauche par l'ordre du maître souverain de la nation, de ce caporal qui la représente et n'est, après tout, qu'une brute et un soudard organisé. Sous la loi de l'implacable discipline qui les mène, ces gens-là sont alignés moralement, intellectuellement, militairement ; mais cette loi est-elle bien celle qui convient à la nature des hommes ? et si elle n'a que le seul mérite d'être exclusivement prussienne, n'est-il pas vrai que l'éducation de ce peuple, ne procédant point de la nature, est étrangère tout au moins à cette nature, hostile peut-être et contraire ? « Ce sont, a-t-on dit des Prussiens, des barbares éclairés au gaz ; » et encore : « des vandales qui ont passé par l'école polytechnique ; » ils sont prêts à bourrer leurs canons des œuvres de Goethe et de Schiller, pour faire croire qu'ils ont de la civilisation : au fond, ils n'ont que la leur.

Un trait, après cela, qui nous ramène à notre récit, et démontre combien ce peuple est dépourvu du sens humain. Glacé par le froid de la nuit, le commandant Broutin voulut un moment faire quelques pas dans l'église pour secouer la torpeur et la souffrance qui l'envahissaient ; rien n'était plus naturel ni plus légitime : le sergent prussien ne l'entendit pas ainsi, et sans respect pour le grade, sans respect pour l'âge, sans respect pour le malheur et la captivité, se mit à frapper rudement le vieil officier.

Un simple lieutenant pouvait-il échapper ensuite aux manifestations de ce caporalisme aussi brutal qu'insensé ? Il avait trouvé dans un coin de l'église le drap des morts dont il s'enveloppa en guise de couverture : nouvelle explosion de fureur de la part des geôliers, nouveaux cris et nouveaux coups.

Si longue et si rude que fût la nuit, elle s'écoula pourtant. Avant six heures du matin, une dame pleine de cœur et de dévouement, la directrice des postes, ou plutôt Madame K.., sa mère, venait annoncer qu'elle allait parcourir tout son quartier pour faire préparer à déjeûner aux prisonniers, et qu'elle comptait bien trouver vite et abondamment de quoi les restaurer et les réconforter avant leur départ. Et bientôt, en effet, des provisions de toutes sortes furent apportées, consistant surtout en aliments chauds, soupe et café. Mais la plus grande difficulté n'était pas là : c'était de savoir enfin quel serait le sort des gens de Longpré. M. le curé retourna chez le colonel. Il le trouva à peine levé et lui adressa d'abord diverses demandes, comme de vouloir bien faire transporter en voiture un certain nombre d'hommes, incapables de faire à pied les 28 kilomètres d'étape qui séparent Airaines d'Amiens ; ils avaient les pieds et les genoux endoloris par le froid, et il devait encore être très-pénible pour eux de faire la route en charrette : ce qui fut immédiatement accordé. Il s'agissait aussi d'obtenir l'élargissement des six éclaireurs d'Allery, qu'une nuit de prison avait suffisamment punis de leur curiosité : le colonel se réserva de ne les relâcher qu'au moment du départ. « Et les hommes de Longpré, colonel, reprit son interlocuteur, c'est pour eux surtout que je me présente encore à vous, au risque de vous importuner ; c'est eux surtout que je viens vous prier de me rendre. Non, je ne puis croire qu'ils aient jamais tiré sur vos soldats ; il y a là un malheureux vieillard que je m'étonne d'avoir retrouvé vivant parmi eux ce matin : je me porte garant de sa faiblesse et de son innocence. »

Le colonel l'interrompit avec une certaine vivacité: « M. le curé, je veux bien vous accorder tout ce que vous me demanderez de possible, mais rien au-delà. Après l'action, ils n'ont jamais rien fait et sont tous blancs comme neige ; mais moi j'affirme qu'ils ont tiré sur nous. C'est bien, vous me répondez de ce vieillard, je vous le rends ; pour les autres, il serait complètement inutile d'insister plus longtemps. »

C'était la même fin de non-recevoir que la veille, et le colonel, en s'interrompant plusieurs fois pour donner des ordres pendant cet entretien, montrait encore que le temps lui faisait défaut. Il fallut retourner à l'église; à peine était-il permis de compter sur une suprême tentative qu'on pourrait faire peut-être au dernier moment.

L'heure du départ était venue. La rue qui précède l'église était encombrée de uhlans; l'infanterie s'alignait derrière eux. Les prisonniers étaient rangés en colonne au milieu de leurs gardiens. Devant les maisons, le long des murailles, dans les encoignures des portes cochères, une foule nombreuse stationnait pour donner un dernier témoignage de sympathie à ceux qu'on emmenait, et fort anxieuse surtout du sort des gens de Longpré. Quelques minutes s'étaient à peine écoulées, que le colonel parut lui-même à cheval au milieu de ses officiers, et n'attendant que l'alignement de la colonne pour donner le signal du départ. En apercevant M. le curé, il lui fit un salut de loin et continua de s'avancer lentement pour prendre la tête de sa troupe. C'était le moment. Faisant un pas en avant des prisonniers au milieu desquels il se trouvait, M. le curé s'arrêta devant lui et : « Colonel, dit-il, vous avez promis de nous rendre vos prisonniers d'Allery : je vous demande la permission de les prendre. — Eh bien, répondit le colonel, où sont-ils ? » Quatre hommes se détachèrent du groupe où ils étaient avec les autres. « Mais, reprit-il, ils étaient six : et les deux autres ? » Les deux autres s'étaient évadés à la sortie de l'église. Il y eut une demi-seconde de profond silence. « Oh ! les deux autres se trouvent là, » se hâta de répondre le curé en faisant un geste dans la direction du cimetière, et s'adressant aux quatre hommes : « Filez vite, vous autres, après avoir remercié le colonel qui veut bien vous relâcher. » Ils ne se le firent pas dire deux fois.

L'un des deux évadés raconta plus tard qu'il n'avait pas fait cent pas en fuyant qu'il entendit un appel de trompettes. Il s'imagina que toute la cavalerie prussienne était à ses trousses, et, sans plus demander, courut d'une haleine jusqu'à Allery, où il arriva à demi mort de frayeur et de suffocation.

M. le curé d'Airaines continuait de tenir en échec le colonel qu'il empêchait résolument de passer outre. Prenant à portée de sa main le vieillard dont il avait parlé l'instant d'avant, il l'amena sous ses regards et le planta devant son cheval. Cet homme, après la nuit qu'il venait de passer et sous le coup des impressions violentes que lui imposait sa situation, était pâle et défait; il tortillait sa casquette dans ses doigts et n'avait pas l'air de se rendre bien compte de la cérémonie à laquelle on le soumettait. « Colonel, voilà ce vieillard dont je vous ai parlé, et je vous demande s'il a jamais eu la force et la volonté de tirer sur vos soldats. — Eh bien, M. le curé, prenez-le; j'ai promis de vous le rendre, il est à vous. » La scène devenait émouvante. La foule se retenait de respirer. Saisissant alors un autre de ces hommes, que l'abattement, l'inquiétude et le froid n'avaient pas rendu moins pâle et moins défait, le curé le poussa à son tour devant lui, et le montrant: « Et celui-ci, colonel, vaut-il mieux que l'autre? Je vous supplie encore de me rendre cet homme... — Ah! pour le coup, riposta l'officier, vous m'en demandez trop. » Il s'était levé sur ses étriers avec un mouvement d'impatience, et sa voix trahissait le sentiment d'humeur qui l'envahissait. La victoire allait tenir à une seconde de décision:

— « Eh bien, riposta le curé avec une croissante énergie, ce n'est pas cet homme seulement que vous consentirez à me rendre, colonel ; je vous demande tous les autres avec lui. Vous avez bien voulu reconnaître, sur ma parole, qu'une erreur au moins avait été commise, et, par un sentiment d'équité dont nous sommes tous profondément émus, vous avez consenti à nous rendre ce vieillard, cet innocent, qui vous remercie avec moi, mais qui vous implore aussi pour le reste de ses compagnons : ne peut-il se faire que d'autres aient été arrêtés et pris par une erreur pareille ? Elle s'explique et se justifie par l'entraînement de la lutte, et, grâce à Dieu, il suffit d'un mot pour tout réparer ; mais serait-il possible que des innocents fussent exposés à être retenus et confondus pêle-mêle avec des coupables ? C'est donc à votre justice que je m'adresse, et je ne fais pas moins appel à votre générosité : plus vous m'accorderez, et plus vous aurez de mérite à vos propres yeux et pour nous. J'ajoute qu'il y a parmi ces hommes des pères de famille, ils le sont tous ou presque tous, et qu'en les frappant, vous frapperiez plus encore les femmes, les enfants, de vieux parents, dont ils sont l'indispensable secours. Colonel, vous serez juste, miséricordieux; vous me les rendrez tous, et c'est une prière que je vous adresse. Je vous en supplie encore au nom du Dieu de paix et de clémence dont je suis le ministre; vous ne mépriserez pas cette voix que j'élève en son nom vers vous, et au pied de cette église, au pied de la croix, signe de salut et de rédemption, qui la surmonte, devant toutes ces croix funèbres qui ombragent la tombe de nos morts dans ce cimetière et qui nous avertissent que tout passe, hors le bien et le souvenir qui en reste, vous consentirez à pardonner et à faire le bien que j'implore de vous. »

Ce qui rendait encore M. le curé d'Airaines si pressant, c'est le combat qu'il voyait se livrer dans l'âme de son interlocuteur, et qui, pour des yeux attentifs, se trahissait par des signes évidents sur son visage et dans sa contenance. Que n'aurait-il pas pu dire encore, s'il ne se fût trouvé dans la cruelle obligation de ménager la susceptibilité du vainqueur? « De quoi sont-ils coupables après tout, s'il y a un reproche à leur adresser? D'avoir voulu défendre, au mépris de la mort, leur pays envahi, leur village attaqué? Que savent-ils, eux, pauvres gens, modestes paysans, vivant dans leur vallée du produit de leur travail, que savent-ils des lois de la guerre, des règles impitoyables par lesquelles on veut empêcher tout ce qui est brave, tout ce qui a du patriotisme, de défendre biens, familles, maisons ? Et c'est pour ce qui doit faire leur honneur et leur gloire, ce qui le fait en effet, qu'ils seraient punis, qu'ils seraient menacés dans leur vie peut-être ?... Qu'en coûte-t-il après tout de les épargner, et n'y a-t-il pas assez d'autres malheureux ? Cette guerre n'a-t-elle pas coûté trop de victimes déjà aux deux partis ?..... »

Le colonel resta dix secondes sans répondre ; enfin : « Eh bien, dit-il, M. le curé, je ne puis vous résister, prenez-les. » Ce fut un long cri dans la foule : « Ils sont délivrés ! ils sont délivrés ! »

Nos mobiles et nos mobilisés étaient alignés entre les chevaux de la cavalerie prussienne ; la colonne se mit en marche au signal du départ. Pour eux commençait le long voyage de l'exil et de la captivité ; il dura dix jours et dix nuits.

www.ingramcontent.com/pod-product-compliance
Lightning Source LLC
Chambersburg PA
CBHW060526090426
42735CB00011B/2393